Metternich
Köstlich essen bei Diabetes

Kirsten Metternich

Köstlich essen bei Diabetes

- Keine Probleme mit Zucker und Cholesterin
- Vom Snack bis zum Festtagsmenü
- Mit 122 abwechslungsreichen Rezepten

TRIAS

Einführung

Rezepte

Frühstücksideen

Kleinigkeiten

Hauptgerichte

Rezepte

Desserts und Süßspeisen

Kuchen, Gebäck und Brot

Liebe Leserinnen und Leser

Mit der Diagnose Diabetes leben heute mehrere Millionen Menschen in Deutschland und der ganzen Welt. So unterschiedlich die Kulturen und Lebensgewohnheiten auch sind: Das Thema Essen und Trinken ist dabei immer ein zentraler Baustein der Therapie. Gerade bei der explosionsartig steigenden Zahl der an Typ-2-Diabetes erkrankten Menschen ist eine bewusst vernünftige und fettarme Lebensmittelauswahl, verbunden mit einer Reduzierung des Körpergewichts, ein Garant für gute Blutzuckerwerte. Die gefürchteten Folgeerkrankungen wie Nierenleiden, Durchblutungsstörungen oder Herz-Kreislauferkrankungen können mithilfe der Ernährungstherapie effektiv bekämpft oder sogar vermieden werden.

Doch wo liegt das Geheimrezept für einen kulinarischen Lebensstil, der nicht nur den Ansprüchen des Diabetes, sondern auch den persönlichen Vorlieben gerecht wird? Der verborgene Schatz liegt in jedem Menschen selbst! Denn eine strenge Diät, die mehr Verbote als Gebote zulässt, ist heute nicht mehr nötig. So wurden Zucker, Alkohol und zahlreiche Obstsorten noch vor 20 Jahren komplett vom Diabetes-Speiseplan gestrichen und kohlenhydrathaltige Lebensmittel in einer sehr kleinen Menge über den Tag verteilt empfohlen. Eine Digitalwaage gehörte in jedes Reisegepäck, und im Restaurant oder Café war nur eine begrenzte Auswahl an Diabetikermenüs oder Diätkuchen möglich. Sie können sich freuen, denn diese Empfehlungen gehören der Vergangenheit an! Heute gibt es bei der Speisenauswahl drei wichtige Punkte, die wichtig und hilfreich sind. An erster Stelle steht das Fett: Ganz gleich, wofür Sie sich entscheiden – achten Sie darauf, möglichst fettarme Lebensmittel auszuwählen. Auch in Ihrer eigenen Küche sollten Sie Fette bewusst und sparsam einsetzen. An zweiter Stelle lohnt es sich, ballaststoffreich zu essen. Ballaststoffe sorgen nicht nur für gute Blutzuckerwerte, sondern auch für eine regelmäßige Verdauung und schützen Sie vor Heißhungerattacken. Und zu guter Letzt: Sparen Sie nicht an Gemüse und Obst. Je frischer und der Saison entsprechend ausgewählt, versorgen Sie Ihren Körper mit lebenswichtigen Vitalstoffen. Kurzum lässt sich die Empfehlung in drei Buchstaben zusammen fassen: FBB (fettarm, ballaststoffreich und bunt).

Schon beim Durchblättern dieses Kochbuchs werden Sie feststellen, dass leckere Gerichte auch trotz Diabetes möglich sind. Dabei sind die Rezepte hinsichtlich ihrer Lebensmittelauswahl, der Zubereitung und der Nährwertberechnung dem aktuellen Kenntnisstand der Leitlinien der Deutschen Diabetes Gesellschaft (DDG) konzipiert. So theoretisch sich das anhört, so praktisch ist die Umsetzung: Sie müssen kein Meisterkoch oder Diätspezialist sein, um die Rezepte nachzukochen. Auch die in den Rezepten angegebenen Zutaten sind im Supermarkt, Drogeriemarkt und teilweise im Reformhaus erhältlich. So bleiben auch die Kosten überschaubar.

In diesem Sinne wünsche ich Ihnen viel Spaß beim Kochen und Genießen der köstlichen Rezepte dieses Buchs.

Kirsten Metternich
Kerpen, im August 2005

Köstlich essen und trinken bei Diabetes

Trotz der Diagnose Diabetes ist es heute möglich, fast alle Lebensmittel und Speisen zu essen. Es kommt nur auf das Wie an und das ist gar nicht so schwer.

Essen und Trinken hält Leib und Seele zusammen" – gerade für Menschen mit Diabetes gilt diese alte Volksweisheit. Dabei spielt eine abwechslungsreiche, gesunde Ernährung eine zentrale Rolle. Und auch der Genuss sollte nicht zu kurz kommen. Denn nur wenn beides im Einklang steht, ist es möglich, schlechte Gewohnheiten abzulegen.

Gesunde Diabetesernährung soll Spaß machen

Was vor Jahren noch als Diabetesdiät bezeichnet wurde, ist heute zu einer modernen, abwechslungsreichen und schmackhaften Form des Essens und Trinkens geworden, die sich nicht nur für Menschen mit Diabetes eignet. Die ganze Familie, vom Kleinkind bis zur Großmutter, kann die Rezepte essen. Und wer kalorienbewusst lebt, findet hier viele leckere Ideen, die den persönlichen Speiseplan bereichern. Zum Glück muss heute für ein an Diabetes erkranktes Familienmitglied nicht mehr extra gekocht werden. Das ist nicht nur in der Küche praktisch, sondern tut auch noch der Seele gut.

Grundbausteine einer gesunden Diabeteskost:

- Erreichen der Blutzuckerzielwerte
- Schulung des Diabetikers zum komplexen Thema Ernährung
- Individuell angepasste tägliche Kohlenhydrat- und Kalorienmenge
- Praktikabilität im Alltag
- Berücksichtigung individueller Wünsche
- Änderung des Essverhaltens zu einer gesunden abwechslungsreichen Ernährungsform
- Langfristige Reduzierung von Übergewicht

Kohlenhydrate und ihr Einfluss auf den Blutzucker

Neben Eiweiß und Fett sind Kohlenhydrate (KH) die wichtigsten Energielieferanten der Nahrung. 1 g Kohlenhydrate liefert dem Körper 4 Kalorien. Kohlenhydrathaltige Nahrungsmittel bewirken einen Blutzuckeranstieg. Ob eher langsam oder schnell, hängt entscheidend von der Zusammensetzung der Nahrung ab: Bei Orangensaft ist der Anstieg rascher und stärker als bei einer frischen Orange. Weißbrot treibt den Blutzucker rasanter in die Höhe als Vollkornbrot. Der Zuckeranstieg im Blut wird durch ballaststoffreiche und auch fetthaltige Nahrungsmittel verzögert. Empfohlen wird ein täglicher Kohlenhydratanteil von 50 Prozent. Kohlenhydratreich zu essen ist gar nicht so schwer. In der Praxis bedeutet das: lieber zwei Scheiben Vollkornbrot mit einer Scheibe fettarmem Belag, statt eine Scheibe Brot mit zwei Scheiben Wurst oder Käse. Ähnlich verhält es sich beim Hauptgericht. Je ballaststoffreicher die Lebensmittelauswahl, um so besser ist der Verlauf des Blutzuckerspiegels. Essen Sie viele Ballaststoffe, bleiben Sie länger satt, und auch die Verdauung kommt in Schwung. Zahlreiche Studien belegen außerdem, dass eine ballaststoffreiche Kost einen positiven Einfluss auf den Blutfettspiegel (Cholesterin und Triglyceride) hat.

MEHR WISSEN

Steckbrief: Typ-1-Diabetes

Bei Menschen mit Typ-1-Diabetes produziert die Bauchspeicheldrüse kein Insulin mehr, dass den Zucker aus dem Blut zur Zelle befördert. Eine andere Ursache kann die Blockade der körperlichen Insulinfreisetzung sein. Hier kann der Grund in einer fehlgesteuerten Aktivität des Immunsystems liegen, welches sich gegen die Insulin produzierenden Zellen in der Bauchspeicheldrüse richtet (Autoimmunerkrankung). Damit der Blutzucker nicht in astronomische Höhen steigt, müssen Typ-1-Diabetiker Insulin spritzen. Mit täglichen Insulininjektionen kann der Zucker aus dem Blut in die Zelle gelangen. Dazu ist – neben einer individuellen Grundmenge an Insulin (Basalrate) – eine bestimmte Menge zur jeweiligen kohlenhydrathaltigen Mahlzeit (Bolus) nötig. Diabetes ist eine chronische Erkrankung und bedarf einer lebenslangen Therapie. Der Betroffene kann durch eine gezielte Lebensmittelauswahl, Diabetes-Management (Schulung, Insulinanpassung, Kontrolluntersuchungen) und regelmäßiger Bewegung aktiv zum positiven Verlauf der Erkrankung beitragen.

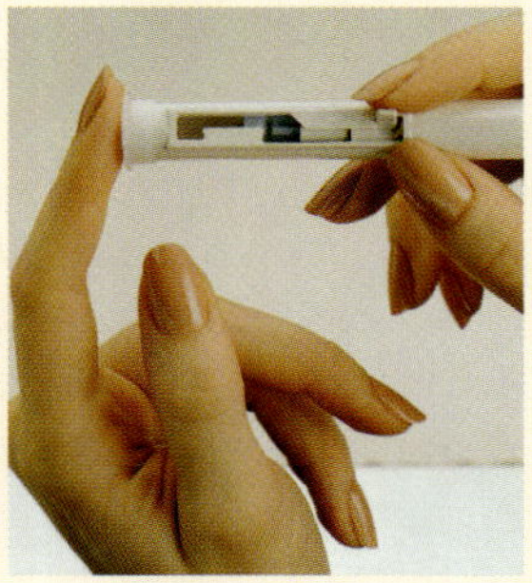

Steckbrief: Typ-2-Diabetes

Der Löwenanteil der an Diabetes erkrankten Menschen leidet an Typ-2-Diabetes. Heute ist bekannt, dass er häufig innerhalb des engsten Verwandtenkreises (Großeltern, Eltern, Geschwister) vererbt wird. Zu Beginn der Erkrankung haben die Betroffenen häufig noch genug Insulin, nur dessen Wirkung ist vermindert. Die Folge: Die Empfindlichkeit der Zellen auf das Insulin nimmt ab, sodass sie weniger Zucker aufnehmen und dieser im Blut zurückbleibt. Das Resultat: erhöhte Blutzuckerwerte. Zeitgleich ist meistens die Freisetzung des Insulins nach Nahrungsaufnahme aus der Bauchspeicheldrüse gestört. Die meisten Typ-2-Diabetiker sind übergewichtig. Und die Zahl der Betroffenen steigt: Auch Kinder und Jugendliche erkranken immer öfter an dieser Diabetesform. Doch es gibt auch gute Nachrichten: Sobald das Körpergewicht bereits minimal reduziert wird, bessern sich die Blutzuckerwerte zusehends. Auch Blutdruck und erhöhte Blutfette (Cholesterin und Triglyceride) profitieren davon. Deshalb ist gerade für Menschen mit Typ-2-Diabetes eine fettreduzierte, abwechslungsreiche Ernährung ein zentraler Therapiebestandteil. Der Betroffene kann durch eine fettarme und ballaststoffreiche Lebensmittelauswahl, Diabetes-Management (Schulung, Kontrolluntersuchungen, evtl. Medikamente) und regelmäßige Bewegung aktiv zum positiven Verlauf seiner Erkrankung beitragen.

Alles über Kohlenhydrate und deren Berechnung

Damit das Rechnen im Alltag einfach und überschaubar bleibt, gibt es spezielle BE- oder KE-Tabellen. Hier sind zahlreiche Produkte der kohlenhydrathaltigen Lebensmittelgruppen aufgelistet, die immer 1 BE oder KE/KHE entsprechen. Als Faustregel können Sie sich merken, dass fast alle pflanzlichen Lebensmittel sowie Milch- und Milchprodukte (tierische Lebensmittel) Kohlenhydrate liefern und dementsprechend berechnet werden sollten. Denken Sie auch an Fertiggerichte. Sie liefern eine Menge Kohlenhydrate. Hier lohnt sich immer ein Blick auf Zutatenliste.

Kohlenhydrathaltige Lebensmittelgruppen:

- Brot und Backwaren
- Körner, Mehle
- Reis und Teigwaren
- Kartoffeln und Kartoffelerzeugnisse
- Kohlenhydratreiches Gemüse, z. B. Erbsen, Mais, Kidneybohnen
- Obst und Obsterzeugnisse
- Milch und Milchprodukte
- Zucker und zuckerhaltige Produkte
- Nüsse und Samen

MEHR WISSEN

Der Glykämische Index und seine Wirkung auf den Blutzucker

Die Brot- oder Berechnungseinheit (BE) bzw. Kohlenhydrateinheit (KE) gibt an, wie viel Sie von einem bestimmten Lebensmittel pro Einheit essen können. Sie sagt jedoch nichts aus über die Geschwindigkeit des Blutzuckeranstiegs. So enthält eine kleine Scheibe Vollkornbrot (30 g) oder ein halber Kartoffelknödel (50 g) jeweils 1 BE. Die Wirkung auf den Blutzuckerspiegel ist jedoch sehr unterschiedlich: Das Brot liefert neben den Kohlenhydraten Ballaststoffe, die für einen gemäßigten Blutzuckerverlauf sorgen. Der Kartoffelkloß liefert im Verhältnis dazu kaum Ballaststoffe und macht sich schneller im Blutzucker bemerkbar. Das ist besonders für Menschen mit Typ-1-Diabetes wichtig und kann auch für Typ-2-Diabetiker ein guter Anhaltspunkt sein. Um zu bestimmen, wie schnell die Kohlenhydrate aus einem Lebensmittel im Blut ankommen, gibt es den Glykämischen Index (auch GI oder Glyx genannt). Maß für den Glykämischen Index ist Traubenzucker, der in einer Menge von 50 g einem GI von 100 entspricht. Baguettebrot hat einen Glykämischen Index von 95, Weißbrot 71, Croissants 67, Milch 32 und Linsen 29. Je niedriger der GI, um so besser für Ihren Blutzuckerspiegel.

Der Glykämische Index (GI) verschiedener Lebensmittel

hoch	mittel	niedrig
Weißbrot	Roggenbrot	Vollkornbrot
Pommes frites	Klöße	Nudeln aus Hartweizen
Minutenreis	Gnocchi	Parboiled Reis, Vollkornreis
Laugengebäck	Pizza mit Käse und Gemüse	Hülsenfrüchte
Kartoffelbrei	Pellkartoffeln	fettarme Milchprodukte

- Diabetikerprodukte wie Diätschokolade
- Lebensmittel, die neben Fett und Eiweiß auch Kohlenhydrate enthalten, wie paniertes Schnitzel, Gemüseblätterteigtaschen, Strammer Max etc.

BE, KE/KHE: hilfreiche Schätzeinheiten

Kohlenhydrathaltige Lebensmittel machen sich im Blut als Blutzuckerspiegel bemerkbar. Damit der Umgang mit kohlenhydrathaltigen Lebensmitteln übersichtlich und einfach ist, gibt es so genannte Schätzeinheiten, die BE bzw. KE/KHE genannt werden. Dabei richtet sich der Kohlenhydratgehalt pro Einheit (BE oder KE/KHE) immer auf den essbaren Anteil eines Lebensmittels. Beide Schätzeinheiten entsprechen einer bestimmten Menge an Kohlenhydraten:

- 1 Brot- oder Berechnungseinheit (BE) entspricht 12 g Kohlenhydraten.
- 1 Kohlenhydrateinheit (KE oder KHE) entspricht 10 g Kohlenhydraten.

Eselsbrücke: Damit Sie zubereitete Lebensmittel wie Joghurt oder eine Tiefkühlpizza einfach und schnell hinsichtlich ihrer BE/KE-Menge ausrechnen können, müssen Sie wissen, wie viel Kohlenhydrate 1 BE/KE entsprechen. Für die BE denken Sie an die Anzahl der Monate im Jahr; es sind zwölf an der Zahl, genau wie die Kohlenhydratmenge pro BE. Bei der KE/KHE denken Sie an die Anzahl Ihrer Finger an beiden Händen; es sind 10 an der Zahl, genau wie die Kohlenhydratmenge pro KE/KHE.

Berechnen von fertigen Lebensmitteln

Sie müssen nicht nur auf Diät- oder Diabetikerprodukte wie beispielsweise Diätjoghurt zurückgreifen. Wenn Sie gerne einmal eine andere, fettfreundliche Sorte probieren möchten, auf der nicht extra die BE oder KE angegeben sind, können Sie die Kohlenhydratmenge ganz einfach ausrechnen. Viele Lebensmittel sind bei Diabetes geeignet, obwohl das nicht extra auf dem Produkt steht.

SO WIRD'S GEMACHT

Kohlenhydratberechnung von Rezepten

Mithilfe einer KH-Tabelle können Sie auch die entsprechende BE/KE-Menge pro Portion für ein ganz normales Rezept ausrechnen.

Beispiel für die KH-Berechnung eines Kuchenrezeptes: Mandelkuchen, Rührteig in einer Kastenform mit 30 cm, 15 Stücke

Menge	Zutaten	BE	KE/KHE
180 g	Butter	0	0
180 g	Zucker	15	18
1 Pck.	Vanillezucker (12 g)	1	1,2
3	Eier	0	0
150 g	Weizenstärke	10	15
80 g	Weizenmehl	4	5,3
½ TL	Backpulver	0	0
80 g	gemahlene Mandeln	0	0
½	Fläschchen Bittermandelöl	0	0
gesamt		30	39,5
pro Stück bei 15 insgesamt:		2	2,6

Was mit Kuchenrezepten klappt, geht auch mit allen anderen. Gerade wenn ein Rezept große Mengen an Gemüse wie Zwiebeln, Karotten oder Paprikaschoten enthält, kann nach der genauen Nährwertberechnung der Kohlenhydratgehalt höher ausfallen. Doch die meisten Gemüsesorten (Ausnahme KH-reiche Gemüse) können pro Portion mit einer Menge von 200 g ohne BE/KE-Berechnung gegessen werden.

Beispiel für die Berechung eines pikanten Rezeptes: Fischsuppe mit Gemüse für 2 Portionen

Menge	Zutaten	BE	KE/KHE
2	Zwiebeln	0	0
1	Stange Lauch	0	0
2	Möhren	0	0
½	Sellerieknolle	0	0
160 g	Kartoffeln	2	2,4
1 EL	Rapsöl	0	0
150 g	Seelachsfilet	0	0
150 g	Kabeljaufilet	0	0
1–2 TL	gekörnte Gemüsebrühe	0	0
100 g	Krabben, verzehrsfertig	0	0
1 Pck.	gemischte Tiefkühlkräuter	0	0
gesamt:		2	2,4

Nährwert pro Portion laut Berechnung:
26 g KH, 12 g Ballaststoffe, 1 BE, 1,2 KE

Obwohl der Gesamtkohlenhydratgehalt der Suppe pro Portion höher liegt, muss nur 1 BE bzw. 1,2 KE für eine Portion berechnet werden. Denn die Kohlenhydrate aus dem Gemüse sind nicht blutzuckerwirksam, was für einen guten Blutzuckerverlauf von Vorteil ist. Lediglich die Kartoffeln aus dem Rezept sind KH-anrechnungspflichtig.

KH-Berechnung – Step by Step

Wenn Sie den tatsächlichen Kohlenhydratgehalt eines Rezeptes ausrechnen möchten, gehen Sie die Zutatenliste durch und prüfen, ob die Zutaten als BE/KE angerechnet werden müssen. Gerade für insulinpflichtige Diabetiker ist das sehr wichtig. Wenn Kohlenhydrate aus nicht anrechnungspflichtigen Lebensmitteln, z. B. Gemüse mit Insulin abgedeckt werden, kann es zu Unterzuckerungen kommen. In den Rezepten finden Sie die exakte Angabe für BE und KE pro Portion; z. B. 1,3 BE, oder 1,8 KE. Wenn Sie auf- oder abrunden, berücksichtigen Sie das bitte bei der Anpassung Ihrer Medikamente.

- Schauen Sie auf die Kohlenhydratmenge (KH-Menge), die in der Nährwertanalyse für 100 g angegeben ist, beispielsweise 14 g Kohlenhydrate.
- Enthält das Produkt (z. B. Fruchtjoghurt) pro 150-g-Becher 14 g Kohlenhydrate, rechnen Sie 1,5 (für 150 g) × 14 (g Kohlenhydrate) = 21. Der ganze Joghurtbecher (150 g) liefert also 21 g Kohlenhydrate.
- 21 : 12 = 1,7 BE
- 21 : 10 = 2 KE
- So können Sie mit allen Lebensmitteln verfahren und die jeweilige BE- oder KE-Menge ausrechnen.

Für insulinpflichtige Diabetiker: BE-Faktoren

Um die genaue Menge an Insulin zu ermitteln, um eine bestimmte Menge an BE/KE zu essen und den Blutzuckerspiegel auszugleichen, gibt es den BE-Faktor. Der BE-Faktor ist individuell sehr unterschiedlich und sollte mithilfe eines Diabetologen oder Diabetes behandelnden Arztes festgelegt werden. Grundlage zur Bestimmung ist das Schema für gängige BE-Faktoren:

- 2 E Normalinsulin pro BE zum Frühstück
- 1 E Normalinsulin pro BE zum Mittagessen
- 1,5 E Normalinsulin pro BE zum Abendessen

Für den Umgang mit Insulin und BE/KE ist es für insulinpflichtige Menschen mit Diabetes wichtig, dass Sie das Wechselspiel von Insulindosis und BE/KE kennen.

- 1 BE/KE erhöht den Blutzucker im Schnitt um 30 bis 40 mg/dl.
- Für 1 BE/KE werden etwa 0,5 bis 2 Einheiten kurz wirkendes Insulin gebraucht.
- 1 Einheit kurz wirkendes Insulin senkt den Blutzucker im Schnitt um 30 bis 40 mg/dl.

Richtig essen bei Diabetes

Wer fettarm kocht, muss auf Geschmack nicht verzichten. Denn mit ein paar fettsparenden Tipps wird das Kochen zum Kinderspiel – und das beginnt schon beim Einkaufen.

Fettarme Küche – so geht's

Die meisten Typ-2-Diabetiker leiden an Übergewicht. Entscheiden Sie sich dazu, ein paar Kilos zu verlieren, werden sich Ihre Blutzuckerwerte bald bessern. Auch Ihr Blutdruck und erhöhte Blutfette profitieren davon. Deshalb ist gerade für Menschen mit Typ-2-Diabetes eine fettreduzierte, abwechslungsreiche Ernährung ein zentraler Therapiebestandteil. Fett ist der Kalorienlieferant Nummer eins. Mit Fett verbinden wir cremige Torten, zart schmelzende Schokolade, knusprige Braten oder köstliche Saucen. Relativ einfach ist es, sichtbare Fette wie Margarine, Butter oder Öl bewusst zu dosieren. Weitaus schwieriger sieht es mit versteckten Fetten aus. Sie finden sich in Wurst, Käse, Fleisch, Fisch, Geflügel, Eiern, Milch und Milchprodukten, Saucen, Fertiggerichten, Süßigkeiten, Kuchen und Gebäck. Empfohlen wird eine Gesamtmenge von etwa 70 bis 80 g Fett täglich, und die ist schnell erreicht.

80 g Fett stecken in

- 1 Esslöffel Butter oder Margarine +
- 2 Esslöffel Pflanzenöl +
- 150 g fettarmem Fleisch oder 200 g Fisch, roh +
- 1 Scheibe fettarmer Wurst +
- 1 Scheibe fettarmem Käse +
- 1 Becher fettarmem Fruchtjoghurt (150 g) +
- 1 Tasse (150 ml) fettarmer Milch

Einkaufstipps

Am Anfang steht der Einkauf. Und damit Sie Fett beim Kochen sparen, sollten Sie Ihren Einkaufskorb mit fettfreundlichen Lebensmitteln füllen. Gehen Sie nicht hungrig einkaufen. Das verleitet nur zum unnötigen Essen. Mit knurrendem Magen landet oft mehr im Einkaufswagen als ursprünglich geplant.

- Schreiben Sie immer einen Einkaufszettel.
- Notieren Sie, wie viel Fett Ihr Käse, Joghurt oder Wurst enthalten sollte. So behalten Sie im Geschäft den Überblick.
- Bevorzugen Sie Fleisch, das wenig fettdurchzogen ist. Greifen Sie zu Geflügel wie Huhn und Pute.
- Suchen Sie Wurstsorten aus, die in 100 g maximal 15 bis 20 g Fett enthalten.
- Fettarme Käsesorten haben einen Fettgehalt von 30 bis 40 Prozent Fett in der Trockenmasse (F. i. Tr.), bzw. 15 bis

MEHR WISSEN

Fett: Kalorienlieferant Nummer Eins

Fette (F) sollten bewusst und sparsam eingesetzt werden. Sie liefern 9 Kalorien pro Gramm. Ein hoher Anteil gesättigter, tierischer und gehärteter Fett fördert Herz-Kreislauferkrankung und kann die Blutfette (Cholesterin und Triglyceride) in die Höhe treiben. Empfohlen wird ein Gesamtverbrauch von maximal 70 bis 80 g täglich, zum Abnehmen reichen 40 g. Greifen Sie zu Margarine aus ungehärteten Fetten und zu Pflanzenölen wie Oliven-, Raps- oder Maiskeimöl. Wählen Sie fettarme Fleisch- und Wurstsorten. Fertiggerichte, Buttersaucen und Frittiertes sollten selbst normalgewichtige Diabetiker nur ab und zu essen.

SO WIRD'S GEMACHT

Tipps zum fettarmen Kochen und Backen

- Rechnen Sie pro Portion Fleisch oder Salatsauce 1 Teelöffel Pflanzenöl (5 g).
- Bevorzugen Sie fettfreundliche Garmethoden wie Dünsten, Dämpfen, Kochen im Wok, Schmoren und Grillen.
- Garen Sie Fleisch, Fisch und Geflügel mit wenig Fett in einer beschichteten Pfanne, im Tontopf oder Bratschlauch.
- Binden Sie entfettete Saucen und Suppen mit püriertem Gemüse oder Zwiebeln, die Sie mitgekocht haben.
- Garen Sie Gemüse in wenig Wasser und würzen Sie es mit gekörnter Gemüsebrühe, nicht mit Brühwürfeln. Sie sind mit reichlich Fett in Form gepresst.
- Bereiten Sie Kartoffelpuffer im Waffeleisen zu.
- Kochen Sie Suppe und Bratensauce einen Tag vor dem Verzehr, stellen Sie sie kalt, und schöpfen Sie das Fett anschließend ab.
- Ersetzen Sie Sahne in Rahmsaucen durch fettarme Milch oder fettreduzierte Sahneerzeugnisse (max. 17 Prozent Fett).
- Zum Kochen und Backen eignen sich fettarme Milch, Magerjoghurt und Magerquark.
- Auflauf- und Backformen müssen Sie nicht einfetten. Backformen und Backbleche lassen sich fettfrei mit Backpapier auslegen.
- Rollen Sie Plätzchenteige zwischen zwei Lagen Frischhaltefolie aus, das spart Mehl und unnötige Kohlenhydrate.
- Streichen Sie Butter oder Margarine dünn aufs Brot.

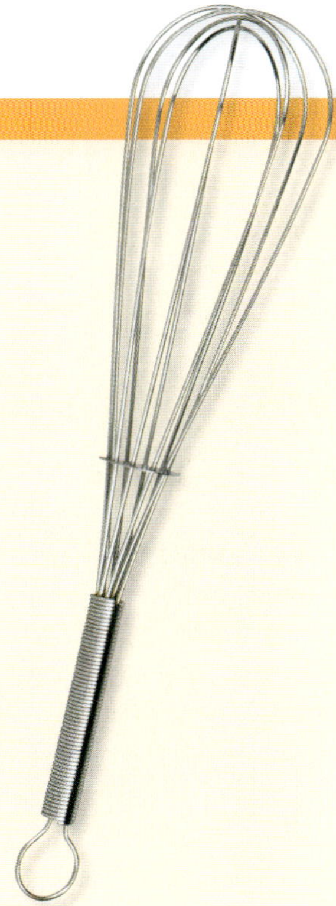

20 g Fett absolut in 100 g. Fettarme Sorten: Magerstufe, Halbfettstufe oder Dreiviertelfettstufe.

- Wählen Sie Milch und Milchprodukte mit einem Fettgehalt von maximal 1,5 Prozent.
- Kaufen Sie Packungsgrößen, die zu Ihrem Haushalt passen: Wenn zwei Personen im Haus leben, ist eine Familienpackung Käse zu groß.
- Werfen Sie einen Blick auf die Zutatenliste von Fertigprodukten. Rangieren Fett und Zucker in vorderster Reihe, lassen Sie das Lebensmittel besser im Regal. Denn hier sind alle Zutaten nach ihrer Menge, in absteigender Folge aufgelistet. Steht Zucker an fünfter Stelle der Zutatenliste, hat er keine Auswirkung auf den Blutzuckerspiegel.
- Greifen Sie im Gemüseregal großzügig zu.
- Bevorzugen Sie frische Lebensmittel, aus denen Sie Saucen, Suppen oder Menüs kochen. Fertiggerichte sind sehr fettreich.

Das süße Leben mit Zucker, Süßstoff und Co.

Die meisten Menschen essen gerne einmal ein Stück Kuchen, genießen ein Eis oder lieben köstliche Desserts. Auch das ist bei Diabetes möglich, es kommt nur darauf an, was und wie viel Sie essen.

Fruchtzucker und Co. sind nicht mehr nötig

Fruchtzucker spielt heute in der Diabeteskost nur noch eine untergeordnete Rolle. Fruchtzucker und Sorbit sind Süßungsmittel, die häufig in Diätprodukten wie Keksen,

▲ Ein Stück Kuchen oder Süßigkeiten – auch mit Diabetes möglich.

Kuchen oder Schokolade zum Einsatz kommen. Auf den Blutzuckerspiegel haben sie nur eine geringe Wirkung. Doch ihr Kaloriengehalt ist dem von herkömmlichem Zucker gleich. Häufig kommt hinzu, dass Diätprodukte mehr Fett und entsprechend mehr Kalorien enthalten als herkömmlich gezuckerte Alternativen. Eine Ausnahme hinsichtlich der Kalorien (2,4 kcal/g) bilden Zuckeralkohole wie Isomalt, Lactit, Maltit und Mannit. Sie werden meistens in industriell hergestellten Lebensmitteln wie Lightgetränken, Bonbons oder Joghurts eingesetzt. Der Verzehr von Zuckeraustauschstoffen und Zuckeralkoholen kann abführend und stark blähend wirken.

Süßstoffe als kalorienfreundliche Alternative zu Zucker

Künstliche Süßstoffe sind energie- und kohlenhydratfrei. Bei Übergewicht ist der Austausch von Zuckeraustauschstoffen und Zucker gegen kalorienfreie Süßstoffe empfehlenswert. Und auch zum Backen und Kochen können Sie die flüssigen oder streufähigen Süßstoffe einsetzen. Streusüße auf Aspartambasis ist eine willkommene Möglichkeit, Desserts und Süßspeisen kalorienfrei und mit angenehmem Geschmack zu süßen. Denken Sie aber immer daran, Süßstoffe in kleiner Menge zu dosieren, da sie eine vielfach höhere Süßkraft im Vergleich zu Zucker haben.

In der Zutatenliste finden Sie die Süßstoffe entweder mit ihrem Namen oder ihrer entsprechenden E-Nummer:

Saccharin	(E 954)
Cyclamat	(E 952)
Aspartam	(E 951)
Acesulfam-K	(E 950)
Thaumatin	(E 957)
Neohesperidin DC	(E 959)

Zucker ist nicht verboten

Auch der Verzehr von zuckerhaltigen Lebensmitteln ist heute trotz Diabetes möglich. Laut Empfehlungen der Deutschen Diabetes Gesellschaft (DDG) kann der Zuckeranteil der Diabeteskost bei etwa 10 Prozent der täglich aufgenommenen Energiemenge liegen. In der Praxis ist das eine Menge von maximal 50 g, die über den Tag verteilt gegessen werden kann. Wichtig ist, dass der Zucker oder das gezuckerte Lebensmittel seitens des Kalorien- und Kohlenhydratgehaltes (BE/KE) berücksichtigt wird. Wenig empfehlenswert ist der Genuss von zuckerreichen Getränken oder Gummibärchen. Damit der Blutzuckeranstieg überschaubar bleibt, empfiehlt es sich, den Zucker nicht pur, sondern in „verpackter" Form im Kuchen, Dessert oder Schokolade zu genießen.

Zucker und Diabetes

- Essen Sie maximal 50 g (10 Prozent der Gesamtenergie) täglich.
- Verteilen Sie den Zucker in den Speisen gleichmäßig über den Tag.
- Meiden Sie zuckerreiche Produkte wie Cola, Limonade, Fruchtgummi, Zuckerwatte, Brausepulver.
- Berücksichtigen Sie den Zucker hinsichtlich der Kalorien und BE/KE.
- Informieren Sie sich vor dem Verzehr über den BE/KE-Gehalt gezuckerter Produkte.
- Essen Sie Zucker in verpackter Form: als Eis, Schokolade, Kuchen oder Dessert.
- Wenn Sie nach einem herkömmlichen Rezept backen, reduzieren Sie den Zuckeranteil um etwa ein Drittel (z. B. statt 250 g Zucker 200 g und den Rest über flüssigen Süßstoff).
- Mürbe-, Hefe-, Strudel-, Quark-Öl- und Brandteig können Sie komplett ohne Zucker mit flüssigem Süßstoff herstellen. Steht Zucker in der Zutatenliste an fünfter Stelle oder weiter absteigend, hat er keine Wirkung auf den Blutzuckerspiegel.

Im Auge behalten: Alkohol und Eiweiß

Alkohol – erlaubt?

Bei hohen Triglyceridwerten (Blutfette), einer Bauchspeicheldrüsenentzündung (Pankreatitis), erhöhtem Blutdruck, einer schweren Schädigung der feinen Nervenenden (Neuropathien) oder Übergewicht ist Alkoholgenuss nicht zu empfehlen. In diesem Fall sollten Sie vorher mit Ihrem behandelnden Arzt sprechen. Damit keine Unterzuckerungen (Hypoglykämien) nach Alkoholgenuss auftreten, sollten Diabetiker Bier, Wein und Co. nur in Kombination mit einer kohlenhydrathaltigen Mahlzeit genießen.

Trinken mit Verstand: zwei Liter täglich

Zwei Liter kalorienfreie Flüssigkeit sollte jeder Mensch täglich trinken. In diese Menge können Sie drei bis vier normal große Tassen (150 ml) Kaffee, schwarzen oder grünen Tee einrechnen. Trinken Sie hauptsächlich Wasser, Kräuter- und Früchtetees sowie Saftschorlen im Mischungsverhältnis 3:1 (3 Teile Wasser plus 1 Teil Saft) oder ab und zu ein Lightgetränk. Infos zur Kohlenhydratmenge von Lightgetränken und Diätsäften finden Sie auf der Nährwertanalyse des Etiketts.

Eiweiß: Baustein für Muskeln und Zellen

Eiweiß (E) liefert 4 Kalorien pro Gramm. Es hat keine direkte Auswirkung auf den Blutzuckerspiegel. Trotzdem wird keine eiweißreiche Kost empfohlen, da sie langfristig die Nierenfunktion beeinträchtigen kann. Der tägliche Eiweißbedarf wird von der Deutschen Gesellschaft für Ernährung (DGE) mit etwa 15 Prozent bzw. 0,8 g Eiweiß pro Kilogramm Körpergewicht empfohlen. Eiweißreich sind Fleisch, Fisch, Milch und Milchprodukte, Eier und Soja

SO WIRD'S GEMACHT

Checkliste: gesund essen und trinken bei Diabetes

- Erreichen der Blutzuckerzielwerte
- Individuell angepasste tägliche BE/KE- und Kalorienmenge
- Regelmäßige Verteilung der Mahlzeiten über den Tag
- Täglich mindestens 50 Prozent Kohlenhydrate
- Tägliche Gesamtfettmenge 70 bis 80 g
- Tägliche Gesamtfettmenge zum Abnehmen: 30 bis 40 g
- Maximal 15 Prozent Eiweiß oder 0,8 g Eiweiß pro kg Körpergewicht am Tag
- Übergewicht vermeiden oder reduzieren
- Ballaststoffreiche Lebensmittelauswahl
- Fünf Portionen Gemüse und/oder Obst täglich
- Maximal 50 g zuckerhaltige Lebensmittel täglich
- Bevorzugte Auswahl fettarmer Lebensmittel
- Pflanzenfette bevorzugen
- Mindestens 2 Liter kalorienfreie Flüssigkeit täglich
- Alkoholgenuss in Maßen
- Spezielle Diätprodukte sind nicht nötig

KÜCHENPRAXIS

Hinweis zu den Rezepten

Lesen Sie bitte vor der Zubereitung das komplette Rezept durch. So werden Ihnen Arbeitsabläufe und Zusammenhänge klar und verständlich.

Nährwertangaben

- kcal = Kilokalorien
- g E = Eiweiß in g (4 kcal/g)
- g F = Fett in g (9 kcal/g)
- g Alk = Alkohol in g (7 kcal/g)
- g KH = Kohlenhydrate in g (4 kcal/g)
- BE = Brot/Berechnungseinheit (pro BE = 12 g verdauliche KH)
- KE = Kohlenhydrateinheit (pro KE = 10 g verdauliche KH)
- g Ba = Ballaststoffe in g
- mg Chol = Cholesterin in Milligramm

Rezeptzutaten

- TL = Teelöffel
- EL = Esslöffel
- 1 EL Haferflocken/Müsli = 10 g
- 1 EL Weizenmehl = 10 g
- 1 EL Paniermehl = 15 g
- Msp. = Messerspitze
- ml = Milliliter
- l = Liter
- g = g
- max. = maximal
- cm = Zentimeter

Temperaturen

Gas

- 150 bis 175 Grad = Gas Stufe 1 bis 2
- 175 Grad = Gas Stufe 2
- 175 bis 200 Grad = Gas Stufe 2 bis 3
- 200 Grad = Gas Stufe 3

Umluft

- Ofentemperatur minus 10 Prozent
- 180 Grad = 160 Grad Umluft

Frühstücks-ideen

Kräuterrührei auf Vollkornbrot

Rührei darf beim Sonntagsfrühstück nicht fehlen. Verwöhnen Sie Ihre Liebsten mit dem besonderen Etwas.

1 Portion · preisgünstig

1	Ei
50 ml	fettarme Milch
	Salz
	Pfeffer, frisch gemahlen
1 TL	Rapsöl
1 TL	gehackte Kräuter
1	Tomate
1	Scheibe Vollkornbrot (50 g)
1 TL	Halbfettmargarine

- Das Ei in einem tiefen Teller mit einer Gabel verquirlen und die Milch unterrühren. Mit Salz und Pfeffer abschmecken. Das Öl in einer Pfanne erhitzen und die Eiermilch darin auf kleiner Flamme stocken lassen. Während des Stockens die gehackten Kräuter unter das Ei rühren.

- Die Tomate abspülen, putzen und in Scheiben schneiden. Das Vollkornbrot mit Margarine bestreichen und mit den Tomatenscheiben belegen. Zum Schluss das fertige Rührei darauf verteilen und heiß servieren.

Nährwerte pro Portion:

300 kcal, 14 g E, 14 g F, 29 g KH, 4 g Ba, 2 BE, 2 KE, 240 mg Chol.

Kasselerbrötchen

Würzig-saftiges Kasseler zum Sauerkraut oder als Pastete kennen Sie bestimmt. Probieren Sie es einmal als Brotbelag mit Senf und Kapern – köstlich.

1 Portion · preisgünstig

1	Vollkornbrötchen (50 g)
1 TL	Senf
2	Scheiben Kasseler-Aufschnitt
4	Kapern

Nährwerte pro Portion:

170 kcal, 12 g E, 3 g F, 24 g KH, 3 g Ba, 2 BE, 2 KE, 30 mg Chol.

- Die Brötchenhälften aufschneiden und mit Senf bestreichen. Die Kasselerscheiben darauflegen. Die Kapern fein hacken und auf die Brötchenhälften streuen.

MEHR WISSEN

Zuckerstoffe in Wurstwaren

In Kasseler und anderen Wurstsorten, z. B. in Bock- und Brühwürsten, sind häufig Zuckerstoffe enthalten. Sind diese erst ab der fünften Stelle in der Zutatenliste auf der Verpackung aufgeführt, haben sie keine Auswirkung auf Ihren Blutzuckerspiegel. Kaufen Sie Kasseler oder andere Wurst am besten an der Frischfleischtheke, dann können Sie diese ohne BE/KE-Anrechnungspflicht verzehren.

▲ Kräuterrührei auf Vollkornbrot

Vegetarisches Birnenbaguette mit Camembert

1 Portion · gelingt leicht

1	Baguettebrötchen (80 g)	1	kleine Birne (90 g)
20 g	vegetarische Pastete (z. B. von Tartex)	25 g	fettreduzierter Camembert (max. 30 % F. i. Tr.)
	etwas Kresse		

- Das Baguettebrötchen halbieren und beide Hälften mit der vegetarischen Pastete bestreichen. Etwas Kresse auf den beiden Baguettehälften verteilen.

- Die Birne abspülen, vom Kerngehäuse befreien, in schmale Spalten schneiden und auf dem Brötchen verteilen. Zum Schluss den Camembert in dünne Scheiben schneiden, auf eine Brötchenhälfte legen und das Brötchen zusammenklappen.

Nährwerte pro Portion:

335 kcal, 15 g E, 6 g F, 55 g KH, 6 g Ba, 5 BE, 5 KE, 5 mg Chol.

MEHR WISSEN

Was sind vegetarische Pasteten?

Vegetarische Pasteten sind rein pflanzliche, cholesterinfreie Brotaufstriche auf der Basis von Nährhefe, mit ungehärteten pflanzlichen Fetten. Sie liefern hochwertiges Eiweiß und müssen nicht als BE/KE berechnet werden. Zahlreiche Geschmacksrichtungen von Hausmacher Art bis zu Rucola oder Bärlauch sind im Angebot. Erhältlich sind sie in Naturkostabteilungen von Supermärkten, im Reformhaus, Bioladen und Drogeriemarkt. Gerade in einer eiweißreduzierten Kost oder als Abwechslung zu Wurst und Käse sind vegetarische Pasteten ideal.

Knackige Mehrkornstange

1 Portion · preisgünstig

1	Mehrkornstange (ca. 80 g)	1	kleiner Apfel (100 g)
1 EL	Halbfettmargarine	1	Scheibe gekochter Schinken
1 EL	gehackte Kräuter		
2	große Blätter Eisberg- oder Lollo-Bionda-Salat	1	Scheibe fettreduzierter Schnittkäse (max. 40 % F. i. Tr.)
1/4	Salatgurke		

- Beide Hälften der Vollkornstange mit Margarine bestreichen. Die Kräuter darauf verteilen. Den Salat abspülen und mit einem Küchenkrepp trocken tupfen. Die Gurke schälen und in mitteldicke Scheiben schneiden. Den Apfel abspülen, vom Kerngehäuse befreien, vierteln und mit der Schale in Spalten schneiden.

- Eine Seite der Vollkornstange mit der Hälfte der Gurkenscheiben und die andere Seite mit der Hälfte der Apfelspalten belegen. Die Salatblätter auf den Hälften verteilen. Nun auf die Apfelhälfte die restlichen Gurkenscheiben und auf die Gurkenhälfte die Apfelspalten legen. Zum Schluss die eine Seite mit dem gekochten Schinken und die andere Hälfte mit dem Schnittkäse belegen.

Möchten Sie die Mehrkornstange mit zur Arbeit nehmen? Dann zuklappen und ab in die Brotdose!

Nährwerte pro Portion:

400 kcal, 22 g E, 12 g F, 51 g KH, 6 g Ba, 4 BE, 5 KE, 35 mg Chol.

▲ Knackige Mehrkornstangen

Frühstück von A bis Z

Alternativen zu Butter und Margarine

Lecker-pikante Alternativen zur üblichen Butter und Margarine bieten Senf in milder bis scharfer Variante und Tomatenmark. Senf und Tomatenmark sind fast kalorienfrei und enthalten keine anrechnungspflichtigen Kohlenhydrate. Ausnahmen sind Honig und Zucker in süßem Senf. Tomatenmark schmeckt intensiv und passt besonders gut zu kräftigem Käse. Senf schmeckt beispielsweise sehr gut unter Wurst.

Darf man als Diabetiker Honig essen?

Wenn Sie einmal Appetit auf Honig haben, dann müssen Sie heutzutage zum Glück nicht mehr darauf verzichten. Die Deutsche Diabetes Gesellschaft (DDG) empfiehlt, die Menge von maximal 10 Prozent der täglichen Gesamtkalorien durch zuckerhaltige Lebensmittel nicht zu überschreiten. Das wären bei 2000 Kalorien etwa 50 g Zucker am Tag. Wenn Sie also den Honig in diese Zuckermenge (BE/KE) einbeziehen, steht dem Genuss nichts im Wege.

Was bedeutet F. i. Tr.?

Die Abkürzung „F. i. Tr." steht für Fett in Trockenmasse. Sie gibt an, wie viel Fett im Käse enthalten ist, wenn das gesamte Wasser entzogen wurde. Der absolute Fettgehalt im Käse ist deutlich niedriger als mit der Trockenmasse angegeben. Die Bezeichnung F. i.Tr. gibt es für Käse, um die verschiedenen Sorten bezüglich ihres Fettgehaltes besser abgrenzen zu können. Den tatsächlichen Fettgehalt können Sie abschätzen, indem Sie die Angabe zu Fett i.Tr. einfach durch zwei teilen. Fettarmer Käse hat einen Fettgehalt von maximal 30 bis 40 Prozent F.i.Tr, das entspricht einem absoluten Fettgehalt von 15 bis 20 Prozent Fett.

Zuckerfalle Müsli

Müsli ist nicht gleich Müsli. Es gibt auch keine einheitliche Bezeichnung dafür. So kann z. B. eine Mischung aus karamelisierten Getreideflocken mit Honig und Schokolade als Müsli bezeichnet werden. Ebenso aber auch eine Getreidemischung mit Sonneblumenkernen und Haferkleie. Achten Sie deshalb beim Müslikauf darauf, dass in der Mischung wenige, besser keine Rosinen und anderes Trockenobst und weder Zucker noch Honig enthalten sind. Rühren Sie stattdessen frisches Obst unter die Mischung – das spart unnötige Kohlenhydrate durch Zucker und liefert Vitamine und Mineralstoffe auf ganz natürliche Art. Ob und wie viel Trockenobst im Müsli enthalten ist, erkennen Sie an der Mischung in einer transparenten Verpackung. In der Zutatenliste, die Sie auf der Verpackung finden, stehen auch die Angaben über Zucker oder Honig. Hier wird zuerst das genannt, wovon am meisten enthalten ist. Stehen Rosinen, Zucker oder Honig weit vorne, dann ist ihr Anteil entsprechend hoch und das Gesamtprodukt sehr kohlenhydratreich.

Was sind Fitnesscornflakes?

Neben den klassischen Cornflakes gibt es heute eine Reihe von Sorten mit einem hohen Vollkornanteil. Diese Cornflakes werden im Handel häufig als Wellnessflakes, fettarme Spezialflakes oder Fitnessflakes angeboten, die vom Geschmack her eher kernig-nussig sind. Ihr Ballaststoffgehalt ist etwas höher als bei herkömmlichen Cornflakes, was dem Blutzuckerverlauf gut tut. Mithilfe der Nährwertanalyse auf der Verpackung können Sie den BE/KE-Gehalt Ihrer Portionsgröße ganz einfach errechnen.

Zwieback: Vorsicht Zucker!

Wenn Sie Zwieback verwenden, müssen Sie nicht auf Diätprodukte zurückgreifen. Herkömmliche Sorten, wie klassischer oder Vollkornzwieback, können Sie mit zwei Scheiben pro BE/KE einsetzen. Zucker- und damit kohlenhydratreich sind z. B. Spezialsorten mit Kokos, Anis oder Schokolade. Diese Sorten sind bei Diabetes weniger empfehlenswert. Verwechseln Sie Müsli- nicht mit Vollkornzwieback. Müslizwieback ist durch Rosinen BE/KE-reicher.

Vollkornbrot mit Zwiebelharzer

Wer es kräftig-deftig und trotzdem kalorienbewusst mag, kommt beim Zwiebelharzer voll auf seine Kosten. Und schnell geht's auch noch.

- Die Zwiebel abziehen, kalt abspülen, eine Hälfte sehr fein würfeln und die andere Hälfte in dünne Ringe schneiden. Das Vollkornbrot mit dem Tomatenmark bestreichen und darauf die Zwiebelringe verteilen.
- Den Harzer in kleine Würfel schneiden und in einem Schälchen mit Öl, Kümmel und den Zwiebelwürfeln vermengen. Die Mischung auf dem Brot verteilen und mit Petersilie garniert servieren.

1 Portion · preisgünstig

1	Zwiebel
1	Scheibe Vollkornbrot (50 g)
1 TL	Tomatenmark
50 g	Harzer Roller
1 TL	Rapsöl
¼ TL	Kümmel, ganz
	etwas Petersilie

Nährwerte pro Portion:

235 kcal, 19 g E, 6 g F, 26 g KH, 4 g Ba, 2 BE, 2 KE, 1 mg Chol.

Körnerbrötchen zweierlei

Knackig beginnen Sie den Morgen mit einem bunt belegten Körnerbrötchen – süß und herzhaft.

- Eine Brötchenhälfte mit Margarine, die andere mit Fischkäse bestreichen. Auf die Margarinehälfte den Schinken und auf die Frischkäsehälfte den Honig geben. Ein idealer Snack für den Start in den Tag.

1 Portion · geht schnell

1	Körnerbrötchen (50 g)
1 TL	fettreduzierte Margarine (max. 24 % Fett)
1 TL	fettreduzierter Frischkäse (max. 5 % Fett)
2	Scheiben Lachsschinken
1 TL	Honig (5 g)

Nährwerte pro Portion:

185 kcal, 9 g E, 3 g F, 30 g KH, davon 4 g Zucker, 3 g Ba, 2,5 BE, 3 KE, 15 mg Chol.

Bagel – süß und pikant

Bagels sind in aller Munde: ob süß oder pikant. Die kleinen Teigringe lassen sich mit 1000 und einer Variante belegen.

- Den Bagel im Backofen oder auf dem Toaster aufbacken und halbieren. Eine Seite mit Lachsfrischkäse bestreichen und mit etwas Kresse bestreuen. Die andere Bagelseite mit Halbfettbutter oder -margarine bestreichen und darauf die Konfitüre verteilen.

Nährwerte pro Portion:

315 kcal, 10 g E, 7 g F, 53 g KH, 3 g Ba, 4 BE, 5 KE, 5 mg Chol.

1 Portion · gelingt leicht

1	Bagelbrötchen (100 g)
20 g	Lachsfrischkäse (16 % Fett)
	etwas Kresse
1 TL	Halbfettbutter oder -margarine
1 TL	Erdbeerkonfitüre, kalorienreduziert (5 g)

MEHR WISSEN

Was ist ein Bagel?

Der Bagel kommt ursprünglich aus Wien, wo er 1680 der Form eines Steigbügels nachempfunden wurde. In den 20er-Jahren schaffte er den Sprung nach Amerika, wo er seitdem nicht mehr wegzudenken ist. In den USA z. B. sind Bagels mit Frischkäse (Cream Cheese) und Räucherlachs zum Frühstück sehr begehrt. Bagels mit Vollkorn, Sesam und viele andere Variationen bekommen Sie in Bagelshops oder in Supermärkten, die amerikanische Lebensmittel anbieten.

Multivitamin-Porridge

Wie wäre es mit einer warmen Suppe zum Frühstück? Die cremige Haferflockensuppe (Porridge) ist eine leckere Idee – und dank Multivitaminsaft hat sie das gewisse Etwas.

- Die Milch und den Multivitaminsaft in einen Topf geben, auf mittlerer Stufe zum Kochen bringen und die Haferflocken einrühren. 5 bis 8 Min. quellen lassen, dabei immer wieder umrühren und nach Geschmack mit etwas flüssigem Süßstoff abschmecken und noch warm genießen. Falls das Porridge zu dick ist, einen Schuss Wasser hineinrühren.

Nährwerte pro Portion:

230 kcal, 11 g E, 3 g F, 39 g KH, 2 g Ba, 3,1 BE, 3,8 KE, 3 mg Chol.

1 Portion · geht schnell

150 ml	fettarme Milch
100 ml	Multivitaminsaft (mit Süßstoff)
40 g	Haferflocken
	flüssiger Süßstoff nach Geschmack

Obstnest mit Käse und Walnüssen

Ein schönes Frühstück fürs Wochenende: herzhafter Käse, Beeren, Papaya und feine Walnüsse.

1 Portion · gelingt leicht

½	Papaya (ca. 150 g)
150 g	Brombeeren
5	Physalis (Kapstachelbeeren, ca. 50 g)
50 g	Orangensaft (100 % Frucht)
2 TL	Streusüße (z. B. „Canderel“ oder „Feine Süße“ von Natreen)
30 g	fettreduzierter Gouda (max. 40 % F. i. Tr.)
2	Walnusskerne

- Die Papaya halbieren und mit einem Teelöffel die Kerne herauskratzen. Die Frucht schälen, in mitteldicke Streifen schneiden und auf einem tiefen Teller drapieren. Die Brombeeren abspülen, verlesen und darüberverteilen. Die Physalis aus der Hülle nehmen, abspülen, halbieren und zum Obst geben.

- Den Orangensaft mit 1 Teelöffel Streusüße mischen und über das Obst gießen. Den Schnittkäse in Streifen schneiden und auf das Obst legen. Die Walnusskerne zerdrücken, mit dem zweiten Teelöffel Streusüße bestäuben und über das Obstnest streuen.

Tipp

Wenn Sie keinen Schnittkäse im Haus haben, können Sie auch geriebenen, fettarmen Käse verwenden. Reicht Ihnen die BE/KE-Menge nicht aus, stocken Sie einfach mit Haferflocken, Müsli oder einem frischen Brötchen auf.

Nährwerte pro Portion:

450 kcal, 18 g E, 32 g F, 23 g KH, 16 g Ba, 2 BE, 2 KE, 10 mg Chol.

MEHR WISSEN

Kleine Warenkunde: Physalis

Die kleinen gelb-orangefarbenen Beeren sind durch einen papierdünnen Lampion geschützt und sehen im geschlossenen Zustand eher unscheinbar aus. Sie werden auch als Kapstachelbeeren oder Ananaskirschen bezeichnet. Ihr Geschmack ist leicht säuerlich, mit einem fruchtigen Kirscharoma. Die kleinen Beeren haben es in sich: Sie sind reich an Vitamin C und Provitamin A. Im Handel werden sie in Kunststoffschälchen zu je 100 g (1 BE) abgepackt angeboten. Wer es mag, kann sie auch direkt aus der Hülle heraus essen. Bei trockener, kühler Lagerung halten sie sich Physalis bis zu 2 Wochen. Ihre Hoch-Zeit haben sie von Juni bis Dezember. Dann werden die besonders frischen Früchte aus Südafrika und Südamerika bei uns angeboten.

Erdbeermüsli

1 Portion · preisgünstig

200 g	Erdbeeren	2 EL	Müsli, ohne Trockenobst und Zucker (40 g)
250 g	Joghurt (0,1 % Fett)		
	flüssiger Süßstoff nach Geschmack		

- Die Erdbeeren abspülen, putzen und je nach Größe halbieren oder vierteln. Den Joghurt glatt rühren und mit dem Süßstoff abschmecken. Das Müsli hinzufügen und zum Schluss mit den Erdbeeren mischen.

Nährwerte pro Portion:

210 kcal, 14 g E, 1 g F, 36 g KH, 5 g Ba, 3 BE, 3,5 KE, 2 mg Chol.

MEHR WISSEN

Zimt für gute Blutzuckerwerte?

Zimt ist ein universell einsetzbares Gewürz, das nicht nur in Kombination mit Äpfeln köstlich schmeckt. Es passt auch sehr gut zu Pflaumen und einer Vielzahl orientalischer Gerichte. Doch senkt Zimt auch den Blutzucker? Zum heutigen Stand der medizinisch bestätigten Wissenschaft lässt sich ganz klar sagen: Nein! Es gibt zwar Ergebnisse kleinerer Studien, die das belegen. Sie sind jedoch für die breite Masse nicht repräsentativ. Empfehlung: Verwenden Sie Zimtstangen und Zimtpulver ganz normal als Gewürz. Zimtkapseln und Co. brauchen Sie hingegen nicht für gute Blutzuckerwerte.

Apfel-Zimt-Traum mit Haferflocken

1 Portion · geht schnell

1	mittelgroßer Apfel (ca. 150 g)	1 Msp.	Zimt, gemahlen
1 TL	Zitronensaft		flüssiger Süßstoff nach Geschmack
250 g	Joghurt (1,5 % Fett)	2 EL	Vollkornhaferflocken (40 g)

- Den Apfel abspülen, vom Kerngehäuse befreien und mit Schale auf einer Reibe grob raspeln. Mit dem Zitronensaft beträufeln, den Joghurt unterrühren und mit Zimt und Süßstoff abschmecken. Die Haferflocken hinzufügen und alles miteinander vermischen.

Tipp

Wenn Sie die Vollkornhaferflocken lieber etwas weicher mögen, lassen Sie den zubereiteten Joghurt eine halbe Stunde ziehen, bevor Sie ihn genießen.

Nährwerte pro Portion:

240 kcal, 14 g E, 2 g F, 42 g KH, 4 g Ba, 3,5 BE, 4 KE, 2 mg Chol.

Zwiebackschmarrn mit Früchten

1 Portion · braucht etwas mehr Zeit

1	Ei
100 ml	fettarme Milch
	flüssiger Süßstoff nach Geschmack
1	Prise Salz
2	Scheiben Vollkornzwieback (20 g)
2	kleine Orangen
1 EL	Sonnenblumenkernöl
1 TL	Streusüße (z. B. „Canderel“)

- Ei, Milch, Süßstoff und Salz in einem tiefen Teller verquirlen. Den Zwieback in Stücke brechen, in die Eiermilch legen und 10 Min. ziehen lassen. Währenddessen die Orangen schälen und die Filets herausschneiden. Die Reste der Orange über der Zwieback-Eiermilch ausdrücken.

- Das Öl in einer Pfanne erhitzen, den Zwieback hineingeben und auf kleiner Flamme stocken lassen. Mit zwei Gabeln in Stücke zupfen – ähnlich wie bei Kaiserschmarrn. Den Zwiebackschmarrn auf einem Teller anrichten und mit den Orangenfilets garnieren. Etwas Streusüße darüberstäuben und lauwarm genießen.

Nährwerte pro Portion:

320 kcal, 14 g E, 17 g F, 28 g KH, 4 g Ba, 2,3 BE, 2,5 KE, 240 mg Chol.

SO WIRD’S GEMACHT

Ganz leicht: Orangen filettieren

Um Filets ohne Haut aus einer Orange herauszuschneiden, werden die Ober- und Unterseite der Orange mit dem Messer gerade abgeschnitten. Die Orange auf ein Brett stellen und dann die Seiten dick abschneiden, so dass nur noch eine kleine Orangenkugel ohne weiße Haut übrig bleibt. Mit einem scharfen Messer Filets (ohne Haut) aus den Trennwänden der Orange lösen – dabei nicht zu tief in die Orange hineinschneiden. Je nach Größe der Orange brauchen Sie zwei kleine Früchte, um etwa 100 g Filets zu erhalten.

▲ Himbeeren mit Cornflakes

Himbeeren mit Cornflakes

1 Portion · gelingt leicht

50 g	Fitnesscornflakes aus Vollkorn	200 ml	fettarme Milch
150 g	Himbeeren (frisch oder tiefgekühlt)		flüssiger Süßstoff nach Geschmack

- Die Cornflakes in eine Schüssel geben. Die Himbeeren, wenn nötig, kurz abspülen und verlesen. Milch auf die Cornflakes gießen, mit flüssigem Süßstoff abschmecken und die Himbeeren vorsichtig unterheben.

Tipp

Wenn Sie keine Himbeeren vorrätig haben, kein Problem! Die Cornflakes schmecken auch mit frischen Erdbeeren oder anderem Beerenobst köstlich – ein ideales Sommerfrühstück.

Nährwerte pro Portion:

320 kcal, 13 g E, 4 g F, 58 g KH, 9 g Ba, 4,8 BE, 5,8 KE, 10 mg Chol.

Wake-up-Drink

1 Portion · geht schnell

1	mittelgroße Banane (100 g)	4 EL	Zitronensaft
150 ml	Karottensaft (naturrein)	2 EL	schnell lösliche Instantflocken (ca. 20 g)
100 ml	Orangensaft (100 % Frucht)		flüssiger Süßstoff nach Geschmack

- Die Banane schälen, mit einer Gabel zerdrücken und zusammen mit dem Karotten-, Orangen- und Zitronensaft pürieren. Die Flocken einrühren und mit dem flüssigem Süßstoff abschmecken.

Tipp

Gut gekühlt ist der Wake-up-Drink ein ideales Getränk vor sportlichen Aktivitäten.

Nährwerte pro Portion:

245 kcal, 6 g E, 2 g F, 51 g KH, 4 g Ba, 3,5 BE, 4 KE, 0 mg Chol.

MEHR WISSEN

Augen auf beim Möhrensaftkauf

Möhrensaft ist nicht gleich Möhrensaft! Häufig ist ihm Honig zugesetzt – und der in großer Menge. Wenn Sie also ein Glas Möhrensaft mit Honig trinken, kann ihr Blutzucker in die Höhe schießen. Bevorzugen Sie deshalb Möhren- oder Karottensaft mit dem Zusatz „naturrein" oder „ohne Zusätze". Hier gehen Sie auf Nummer sicher, dass der Saft nicht mit zusätzlichem Zucker angereichert wurde. Das spart BE/KE. Informationen dazu finden Sie auch in der Nährwertanalyse und der Zutatenliste auf dem Flaschenetikett.

Aprikosenquark mit körnigem Frischkäse

Quark liefert hochwertiges Eiweiß. In Verbindung mit Aprikosen schmeckt er fruchtig frisch – genau das Richtige für einen warmen Sommermorgen.

1 Portion · geht schnell

3	kleine Aprikosen (ca. 120 g)
150 g	Magerquark
	etwas Sprudelwasser
50 ml	Orangensaft (100 % Frucht)
50 g	körniger Frischkäse
	flüssiger Süßstoff nach Geschmack

- Die Aprikosen abspülen, entsteinen und die Früchte in Spalten oder kleine Würfel schneiden. Den Quark mit etwas Sprudelwasser und dem Orangensaft glatt rühren. Zum Schluss den körnigen Frischkäse unterrühren, die geschnittenen Aprikosen hinzufügen und mit Süßstoff abschmecken.

Tipp

Magerquark können Sie sehr gut mit Sprudelwasser glatt rühren. So schmeckt er schön cremig, auch mit niedrigem Fettgehalt. Wenn Sie Orangensaft kaufen, dann achten Sie darauf, dass er zu 100 Prozent aus Frucht bzw. Fruchtkonzentrat besteht – also ohne Zuckerzusatz. So ist nur der im Obst natürliche Fruchtzuckeranteil enthalten.

Nährwerte pro Portion:

230 kcal, 28 g E, 3 g F, 22 g KH, 2 g Ba, 1,5 BE, 1,5 KE, 10 mg Chol.

MEHR WISSEN

Süßstoff für die figurfreundliche Küche

Süßstoffe, auch Zuckerersatzstoffe genannt, sind eine perfekte Zutat, um ganz ohne Kalorien und Kohlenhydrate zu süßen. Auch wenn es immer wieder Meldungen gibt, dass auch künstliche Süßstoffe eine Auswirkung auf den Blutzuckerspiegel haben sollen, ist das zum heutigen Stand der Wissenschaft nicht bestätigt. Nicht nur Ihre Linie freut sich über die Kalorienersparnis durch Süßstoff, sondern auch Ihre Zähne. Denn künstliche Süßstoffe wirken nicht kariesfördernd.

Kleinigkeiten

Salat mit roten Linsen

Schnell gemacht, nussig und kernig. Wer sagt denn, das Linsen nur im Eintopf schmecken?

2 Portionen · gelingt leicht

100 g	rote Linsen
2 TL	gekörnte Gemüsebrühe
1	Zwiebel
¼	Salatgurke
1	gelbe Paprikaschote
10	Kirschtomaten
5	mittelgroße Champignons
1 EL	weißer Balsamico
1 EL	Sojasauce
	flüssiger Süßstoff nach Geschmack
	Pfeffer, frisch gemahlen
	Salz
	Paprikapulver
	Curry
1 EL	Rapsöl

Tipp

Der Linsensalat lässt sich sehr gut vorbereiten und ist ein idealer Salat fürs Büro. Rote Linsen müssen nicht lange eingeweicht oder mit Natron gekocht werden, da sie sehr schnell gar sind.

- Die Linsen mit 200 ml Wasser in einen Topf geben und zum Kochen bringen. Die Gemüsebrühe im Kochwasser auflösen. 10 bis 15 Min. auf mittlerer Flamme köcheln. Wichtig: Die Linsen sollen noch Biss haben. Die Linsen abseihen und in einer Schüssel abkühlen lassen.

- Zwiebel abziehen, Gurke schälen, die Zwiebel in feine und die Gurke in mittelgroße Würfel schneiden. Die Paprikaschote putzen, abspülen und in feine Streifen schneiden, die Kirschtomaten abspülen und halbieren. Die Champignons mit einem feuchten Tuch abreiben und in mitteldicke Scheiben schneiden oder vierteln.

- Aus Essig, Sojasauce, Süßstoff und den Gewürzen eine Marinade rühren, abschmecken und zum Schluss das Öl unterschlagen. Die Linsen mit der Marinade mischen und etwa 1 Stunde ziehen lassen. Zum Schluss mit dem geschnittenen Gemüse vermengen und anrichten.

Nährwerte pro Portion:

260 kcal, 17 g E, 6 g F, 34 g KH, 12 g Ba, 1,5 BE, 2,5 KE, 0 mg Chol.

MEHR WISSEN

Kleine Warenkunde: rote Linsen

Linsen sind die weltweit ältesten Kulturpflanzen. Sie werden schon seit mehr als 10 000 Jahren angebaut. Ihre Heimat ist der Orient. Rote Linsen werden häufig in der türkischen und indischen Küche – auch gern mit Curry – zubereitet. Sie haben einen entscheidenden Vorteil gegenüber anderen Linsensorten: Im Gegensatz zu Tellerlinsen müssen sie nicht einweichen und sind sehr schnell gar. Da sie nach dem Kochen nachweichen, eignen sie sich weniger für Eintopfgerichte, dafür aber in kalter Form sehr gut für Salate. Rote Linsen liefern hochwertiges Eiweiß. 1 BE/KE entsprechen etwa 75 g gekochte Linsen. Aufgrund ihres sehr hohen Ballaststoffgehaltes wirken sie nur mäßig auf den Blutzuckerspiegel.

ALL-PURPOSE

Spargel mit Rucola in Balsamicodressing

2 Portionen · BE/KE-frei

500 g	weißer Spargel	3 EL	Balsamico
	Salz	20 g	Rucolasalat
	flüssiger Süßstoff nach Geschmack	30 g	Parmesankäse am Stück
1 TL	Halbfett-margarine	1 EL	Haselnüsse, gemahlen (10 g)

- Den Spargel schälen und den unteren Strunk abschneiden. Etwa 500 ml Wasser mit Salz, flüssigem Süßstoff und der Margarine zum Kochen bringen. Den Spargel 15 bis 20 Min. darin garen, dann abtropfen lassen und auf eine Platte legen.

- Den Essig mit etwas Spargelwasser mischen und den Spargel damit übergießen. Rucola abspülen, trocken schütteln, klein zupfen und über den Spargel verteilen. Mit einem Parmesan- oder Gemüsehobel den Käse in hauchdünne Scheiben schneiden und über den Spargel verteilen. Mit gemahlenen Haselnüssen bestreut servieren.

Tipp

Wenn Ihnen die Rucolablätter zu lang sind, können sie mit einer Küchenschere in der Mitte durchgeschnitten werden. Oder Sie zupfen sie mit den Händen in mundgerechte Stücke.

Nährwerte pro Portion:

310 kcal, 21 g E, 20 g F, 12 g KH, 8 g Ba, 0 BE, 0 KE, 25 mg Chol.

Eiliger Spargelsalat

2 Portionen · gelingt leicht

500 g	grüner Spargel	1 TL	Halbfett-margarine
	Salz	2 EL	Weißweinessig
	Pfeffer, frisch gemahlen	1 EL	Rapsöl
	flüssiger Süßstoff nach Geschmack	20 g	Parmesankäse am Stück

- Den Spargel abspülen und den unteren Strunk abschneiden. Jede Spargelstange in drei gleich große Stücke schneiden. Dabei die Enden schräg abschneiden. Die Spargelköpfe ebenfalls abschneiden und beiseite legen. 500 ml Wasser zum Kochen bringen und Salz, Süßstoff und Margarine hinzufügen.

- Die Spargelstücke (ohne die Köpfe) 5 bis 8 Min. bissfest garen und abtropfen lassen. Die Spargelköpfe mit wenig Wasser in der Mikrowelle oder in einem Topf etwa 3 Min. blanchieren, aus dem Wasser nehmen und abtropfen lassen.

- Aus Essig, Pfeffer, Salz und Süßstoff eine Marinade rühren und zum Schluss das Rapsöl unterschlagen. Die Marinade mit den Spargelstücken mischen und etwa 1 Stunde durchziehen lassen. Vor dem Servieren den Parmesankäse über den Salat hobeln.

Tipp

Damit sich alle Gewürze und Kräuter in einem Dressing gut vermischen und sich ihre Aromen voll entfalten können, geben Sie das Öl immer erst nach dem Abschmecken der Sauce hinzu. So können sich alle Zutaten zu einer harmonischen Sauce zusammenfügen.

Nährwerte pro Portion:

140 kcal, 8 g E, 10 g F, 5 g KH, 5 g Ba, 0 BE, 0 KE, 10 mg Chol.

Salat Andreas

Mit diesem Salat wird jeder zum Salatfan. Probieren Sie ihn doch einmal aus, den Lieblingssalat von Andreas

2 Portionen · gelingt leicht

125 g	Rucolasalat
1 EL	Sonnenblumenkerne
100 g	Fetakäse
10	Kirschtomaten
15	blaue kernlose Trauben (ca. 140 g)
8	mittelgroße Champignons
2 EL	Balsamico
	Kräutersalz
	Pfeffer, frisch gemahlen
	flüssiger Süßstoff nach Geschmack
1 EL	Walnussöl

- Den Rucolasalat abspülen, verlesen und gut abtropfen lassen. Die Sonnenblumenkerne ohne Fett in einer Pfanne goldbraun rösten und beiseite stellen. Den Fetakäse in kleine Würfel schneiden. Die Kirschtomaten und Trauben abspülen und halbieren. Die Champignons mit einem feuchten Tuch abreiben, putzen und vierteln.

- Aus Essig und den Gewürzen eine Marinade rühren, mit dem Süßstoff abschmecken und das Walnussöl unterschlagen. Den Fetakäse vorsichtig mit der Sauce mischen, so dass er nicht zerbröselt. Die Trauben, Tomaten und Champignons zugeben, unterheben und zuletzt den Rucola hinzufügen. Nach dem Anrichten und mit den gerösteten Sonnenblumenkernen bestreuen.

Nährwerte pro Portion:

285 kcal, 14 g E, 19 g F, 14 g KH, 4 g Ba, 1 BE, 1 KE, 20 mg Chol.

Tipp

Damit die Champignons schön hell bleiben, werden sie in Zitronensaft gewendet.

MEHR WISSEN

Weintrauben bei Diabetes?

Früher gab es die Empfehlung, bei Diabetes keine Weintrauben zu essen. Sie zählen tatsächlich zu den Obstsorten, die bereits in kleiner Menge 1 BE/KE entsprechen. Das hängt mit ihrem hohen Gehalt an Traubenzucker (Glukose) zusammen. Etwa sieben mittelgroße Trauben (70 g) entsprechen 1 BE bzw. sechs mittelgroße Trauben (60 g) 1 KE. Für den alleinigen Verzehr, z. B. als Zwischenmahlzeit, sind sie aufgrund ihrer Blutzuckerwirksamkeit weniger zu empfehlen. In Kombination mit Gemüse oder Salat können sie jedoch zur ganz besonderen Note des Gerichts beitragen. Zutaten wie Gemüse und Käse oder Öl sorgen dafür, dass der Blutzucker – trotz Weintrauben – nicht so stark ansteigt.

KLEINIGKEITEN

Abendbrotsalat

2 Portionen · gelingt leicht

100 g	Geflügelfleischwurst		Pfeffer, frisch gemahlen
2	Gewürzgurken		flüssiger Süßstoff nach Geschmack
2	Zwiebeln	1	Bund Schnittlauch
1	kleiner Apfel (100 g)	1 EL	Maiskeimöl
2 EL	Apfelessig		
	Salz		

- Die Fleischwurst in Würfel oder dünne Streifen schneiden. Die Gewürzgurken abtropfen lassen und würfeln. Zwiebeln abziehen und in feine Ringe schneiden. Den Apfel abspülen, vom Kerngehäuse befreien, vierteln und in feine Würfel schneiden.

- Aus Apfelessig, Salz, Pfeffer und Süßstoff eine Marinade rühren. Den Schnittlauch abspülen, trocken schütteln, in Röllchen schneiden und in das Dressing geben. Abschmecken und das Öl unterschlagen. Alle Zutaten mit dem Dressing mischen und den Salat gut durchziehen lassen.

Tipp

Der Salat eignet sich ideal als Abendmahlzeit zusammen mit Brot. Er kann aber auch prima in einer Dose mit zur Arbeit genommen werden.

Nährwerte pro Portion:

180 kcal, 12 g E, 10 g F, 11 g KH, 3 g Ba, 0,5 BE, 0,5 KE, 40 mg Chol.

Feldsalat mit Walnüssen

2 Portionen · preisgünstig

100 g	Feldsalat	2 TL	gehackte Petersilie
1	Zwiebel	1 EL	Walnussöl
	Rotweinessig	4	Walnüsse (ca. 25 g)
	Kräutersalz		
	schwarzer Pfeffer, gemahlen		

- Den Feldsalat waschen, verlesen und trocken schleudern. Die Zwiebel abziehen und fein würfeln. Aus Essig, den Gewürzen und der Petersilie eine Marinade rühren und nach dem Abschmecken das Walnussöl unterschlagen. Die Zwiebeln unterrühren. Die Walnusskerne grob hacken, über den Salat streuen und mit der Marinade beträufelt servieren.

Nährwerte pro Portion:

140 kcal, 3 g E, 13 g F, 3 g KH, 2 g Ba, 0 BE, 0 KE, 0 mg Chol.

Wikingernudelsalat

2 Portionen · braucht etwas mehr Zeit

120 g	Spaghetti
	Salz
1	rote Paprikaschote
1	grüne Paprikaschote
½	Dose Erbsen (150 g)
2	Scheiben alter Gouda
	Pfeffer, frisch gemahlen
	Paprikapulver
	flüssiger Süßstoff nach Geschmack
	Balsamico
1	Packung Basilikum (tiefgekühlt)
1 EL	Olivenöl

- Die Spaghetti einmal in der Mitte brechen und in Salzwasser etwa 10 Min. al dente kochen. Die Paprikaschoten putzen, abspülen und in feine Würfel schneiden. Die Erbsen in ein Sieb geben und abtropfen lassen. Den Käse in Streifen schneiden. Aus den Gewürzen, Essig und Basilikum eine Salatsauce rühren, abschmecken und zuletzt das Öl unterschlagen.

- Die gekochten Nudeln mehrfach kalt abschrecken, so dass sie schnell abkühlen. In einer großen Schüssel mit Paprika, Käse und Erbsen mischen. Die Marinade zugeben und den Salat mindestens 8 Stunden ziehen lassen. Vor dem Servieren noch einmal abschmecken.

Tipp

Der Salat schmeckt sehr kräftig durch den Balsamicoessig. Er passt gut zu Grillfleisch oder als Abendbrotmahlzeit.

Nährwerte pro Portion:

445 kcal, 22 g E, 16 g F, 53 g KH, 12 g Ba, 3,8 BE, 5 KE, 75 mg Chol.

Kartoffelsalat

2 Portionen · braucht etwas mehr Zeit

300 g	Kartoffeln
1	kleiner Apfel (100 g)
1	Gemüsezwiebel
2	große Gewürzgurken
	Salz
	Pfeffer, frisch gemahlen
1	Packung Petersilie (tiefgekühlt)
2 EL	Kräuteressig
	flüssiger Süßstoff nach Geschmack
150 ml	fettreduzierte Sahne (z. B. „Cuisine" von Alpro)
	etwas Petersilie

- Die Kartoffeln am Vortag in der Schale kochen und pellen. Am nächsten Tag die Kartoffeln in Scheiben schneiden. Den Apfel schälen, vom Kerngehäuse befreien und in kleine Würfel schneiden. Die Zwiebel abziehen und würfeln. Die Gurken ebenfalls würfeln.

- Aus den restlichen Zutaten eine Marinade rühren. Zwiebeln, Gurke und Apfel mit der Marinade vermischen und zuletzt die Kartoffelscheiben dazugeben und gut vermischen.

- Mindestens 2 bis 3 Stunden ziehen lassen und vor dem Servieren noch einmal abschmecken. Falls die Salatsauce zu dick ist, etwas Gurkenwasser hinzufügen. Mit Petersilie bestreut servieren.

Nährwerte pro Portion:

230 kcal, 6 g E, 7 g F, 35 g KH, 6 g Ba, 2,3 BE, 2,8 KE, 20 mg Chol.

Flusskrebssuppe

Safran, Weißwein, Sahne und Flusskrebse – gönnen Sie sich diese Luxussuppe einfach einmal zwischendurch.

2 Portionen · gelingt leicht

1	Bund Lauchzwiebeln
2	Zwiebeln
1	Knoblauchzehe
20 g	Krebsbutter
200 ml	trockener Weißwein
	Salz
	Pfeffer, frisch gemahlen
1	Prise Safran oder Kurkuma
150 g	Flusskrebse
2 EL	Zitronensaft
100 ml	fettreduzierte Sahne (z. B. „Rama Cremefine“)
1	Packung Dill (tiefgekühlt)

- Die Lauchzwiebeln putzen und abspülen. Eine Lauchzwiebel in dünne Streifen schneiden und beiseite stellen. Die restlichen Lauchzwiebeln in Ringe schneiden. Zwiebeln und Knoblauch abziehen, die Zwiebeln würfeln und den Knoblauch fein hacken oder zerdrücken.

- Die Krebsbutter in einem Topf erhitzen und die gewürfelten Zwiebeln und den Knoblauch darin andünsten. Mit 200 ml Wasser und dem Weißwein aufgießen und ablöschen. Salzen, pfeffern und eine Prise Kurkuma oder Safran zur Gelbfärbung zugeben. 10 Min. köcheln lassen.

- Die Lauchzwiebelringe zugeben und weitere 2 bis 3 Min. köcheln. Das abgetropfte Flusskrebsfleisch und den Zitronensaft hinzufügen. Noch einmal erhitzen und die fettreduzierte Sahne und den Dill einrühren. Mit Lauchzwiebelstreifen garniert servieren.

Tipp

Wenn Sie keinen Weißwein verwenden möchten, ersetzen Sie ihn einfach durch 1/3 Zitronensaft und 2/3 Wasser.

Nährwerte pro Portion:

305 kcal, 17 g E, 15 g F, 10 g Alk, 8 g KH, 2 g Ba, 0 BE, 0 KE, 120 mg Chol.

MEHR WISSEN

Kleine Warenkunde: Krebsbutter

Krebse sind zwar nicht in der Lage, Butter zu produzieren, dafür aber glücklicherweise die Industrie. Dazu werden fein gemahlene Krebsteile von gekochten Krebsen mit Butter gemischt. Die Butter bekommt dadurch eine krebsrote Farbe. Krebsbutter passt sehr gut zu Fischsuppen und Fischsaucen. Sie erhalten Krebsbutter im Fischfachgeschäft, im Delikatessenladen oder an der Fischtheke im Supermarkt.

Rüblisuppe mit Ingwer

Holen Sie sich ein Stück Schweiz mit Asia-Touch auf Ihren Suppenteller. Die Rüblis geben Milde und der Ingwer die nötige Schärfe.

- Die Karotten putzen, schälen und klein schneiden. Das Sesamöl in einem Topf erhitzen und die Karotten darin andünsten. 400 ml Wasser zugießen, zum Kochen bringen und die gekörnte Gemüsebrühe darin auflösen. 15 Min. auf mittlerer Flamme köcheln lassen.

- Die Suppe mit einem Stabmixer pürieren. Den Ingwer schälen und fein reiben. Die Sesamkörner in einer Pfanne ohne Fett goldgelb rösten und beiseite stellen. Den Ingwer in die Suppe geben und mit Pfeffer und nach Geschmack mit 1 bis 2 Tropfen flüssigem Süßstoff abschmecken.

- Noch einmal aufkochen lassen und die Sahne einrühren. Etwas Petersilie in die nicht mehr kochende Suppe geben, den Rest nach dem Portionieren auf die Suppe streuen. Zum Schluss die Suppe mit dem gerösteten Sesam garnieren.

Nährwerte pro Portion:

215 kcal, 4 g E, 16 g F, 14 g KH, 9 g Ba, 0 BE, 0 KE, 5 mg Chol.

SO WIRD'S GEMACHT

Rösten von Samen und Kernen

Sesam, Mandeln, Haselnüsse, Pinienkerne und Co. können Sie ganz leicht ohne Fett in der Pfanne goldgelb rösten. Dazu eine Pfanne erhitzen und die Kerne unter ständigem Wenden anrösten. Sobald die Kerne beginnen, eine bräunlich-gelbe Farbe anzunehmen, die Pfanne von der Kochstelle nehmen. Die Hitze hält noch etwas an, so dass die Kerne noch kräftig nachbräunen können. Geröstete Kerne schmecken aromatisch und passen prima zu Salaten oder Suppen.

2 Portionen · BE/KE-frei

3	mittelgroße Karotten
1 EL	Sesamöl
2 TL	gekörnte Gemüsebrühe
1	kleines Stück Ingwer
1 EL	Sesam
	Pfeffer, frisch gemahlen
	flüssiger Süßstoff nach Geschmack
100 ml	fettreduzierte Sahne (z. B. „Cuisine“ von Alpro)
1 EL	gehackte Petersilie

Tipp

Frischer Ingwer hält sich bis zu zwei Wochen im Gemüsekorb. Er ist würzig scharf und eine ideale Grundlage für Tee. Reiben Sie den Ingwer fein und übergießen Sie ihn mit kochendem Wasser – dies wärmt von innen.

▲ Tomatensuppe Speziale

Tomatensuppe Speziale

2 Portionen · BE/KE-frei

2	Zwiebeln	1 EL	Balsamico
2	Knoblauchzehen		flüssiger Süßstoff nach Geschmack
1 TL	Olivenöl	10	Basilikumblätter
1	große Dose Tomaten (800 g)	2 TL	fettreduzierter Paprikafrischkäse (max. 16 % Fett)
	Salz		
	schwarzer Pfeffer, frisch gemahlen		

- Zwiebeln und Knoblauch abziehen und fein hacken. Das Olivenöl in einer Pfanne erhitzen und die Zwiebeln und den Knoblauch darin glasig dünsten. Die Tomaten samt Flüssigkeit mit 200 ml Wasser in einen Topf geben, aufkochen lassen und mit einem Pürierstab sämig passieren.

- Zwiebeln und Knoblauch zugeben, mit Salz, Pfeffer und Essig abschmecken und 5 Min. köcheln lassen. Mit Süßstoff abschmecken. Basilikumblätter abspülen, trocken schütteln und in Streifen schneiden. Vor dem Servieren je 1 Teelöffel Frischkäse auf die Suppe setzen und mit Basilikumstreifen garnieren.

Nährwerte pro Portion:

90 kcal, 4 g E, 3 g F, 11 g KH, 4 g Ba, 0 BE, 0 KE, 1 mg Chol.

Feldsalatsuppe mit Räucherlachs

2 Portionen · geht schnell

75 g	Feldsalat		Salz
2	Zwiebeln		Pfeffer, frisch gemahlen
2	Knoblauchzehen	2	Scheiben geräucherter Lachs
1 EL	Rapsöl		
4 EL	Mehl (40 g)		
300 ml	fettarme Milch		

- Den Feldsalat gründlich abspülen, verlesen und gut abtropfen lassen. Zwiebeln und Knoblauchzehen abziehen. Die Zwiebel fein würfeln und den Knoblauch fein hacken oder zerdrücken. Das Öl erhitzen und die Zwiebeln und den Knoblauch darin anschwitzen. Die Feldsalatblätter dazugeben und etwa 2 Min. dünsten.

- Das Mehl über das Gemüse stäuben und gut umrühren. Die Milch und 200 ml Wasser angießen und mit Salz und Pfeffer würzen. Die Suppe mit halb geöffnetem Deckel weitere 5 bis 8 Min. kochen lassen. In der Zwischenzeit den Lachs in Streifen schneiden. Die Suppe auf zwei tiefe Teller verteilen und mit den Lachsstreifen garnieren.

Beilage: Zu dieser leichten Suppe schmeckt frisches Vollkornbrot mit Butter sehr gut. Und: Die Suppe ist immer eine raffinierte Vorspeise, wenn Sie Gäste erwarten.

Nährwerte pro Portion:

235 kcal, 15 g E, 8 g F, 25 g KH, 3 g Ba, 1,5 BE, 2 KE, 15 mg Chol.

Mediterrane Kichererbsencreme

4 Portionen · gelingt leicht

100 g	Kichererbsen, getrocknet	4 EL	Zitronensaft
½ TL	Natron		Salz
2	Knoblauchzehen		Pfeffer, frisch gemahlen
4 EL	Olivenöl		

- Die Kichererbsen mindestens 12 Stunden in reichlich Wasser einweichen. Samt Einweichwasser in einen Topf geben und mit dem Natron bei schwacher Hitze etwa 1 ½ Stunden weich kochen.

- Knoblauch abziehen und fein hacken oder zerdrücken. Die Kichererbsen abtropfen lassen und zusammen mit dem Knoblauch, Olivenöl und Zitronensaft zu einer cremigen Masse rühren. Die Kichererbsencreme abkühlen lassen und zum Schluss mit Salz und Pfeffer abschmecken.

Nährwerte pro Portion:

175 kcal, 6 g E, 11 g F, 13 g KH, 7 g Ba, 1 BE, 1,5 KE, 0 mg Chol.

SO WIRD'S GEMACHT

So werden Hülsenfrüchte schneller weich

Es dauert schon einige Zeit, bis Kichererbsen, weiße Bohnen und Co. weich gekocht sind. Um diesen Vorgang auf natürliche Art zu beschleunigen, geben Sie einfach einen halben Teelöffel Natron in das Kochwasser. Die Hülsenfrüchte werden dadurch zwar etwas dunkler, sind dafür aber auch schneller gar. Wenn Sie schnell einen Dip oder Aufstrich brauchen und es einmal schnell gehen soll, können Sie auch fertig eingeweichte Kichererbsen aus der Dose verwenden. Einfach abtropfen lassen, in ein hohes Gefäß geben und mit einem Pürierstab pürieren. Anschließend wie im Rezept mit dem Würzen fortfahren, und schon ist die Paste fertig.

Tomatendip

2 Portionen · gelingt leicht

200 g	Joghurt (1,5 % Fett)		Tomaten-Mozzarella-Würzsalz
50 g	Schmand		Pfeffer, frisch gemahlen
1	Knoblauchzehe		flüssiger Süßstoff nach Geschmack
4	getrocknete Tomaten	2	Kirschtomaten
3	Salbeiblätter		

- Den Joghurt zusammen mit dem Schmand glatt rühren. Knoblauch abziehen und fein hacken oder zerdrücken. Die getrockneten Tomaten in dünne Streifen schneiden und in den Joghurt mischen.
- Den Salbei abspülen und die Blättchen in Streifen schneiden und zum Joghurt geben. Mit Salz, Pfeffer und wenig Süßstoff abschmecken. Die Kirschtomaten abspülen, halbieren und den Tomatendip mit ihnen garnieren.

Tipp

Der Tomatendip ist ein lecker-fruchtiger Dipp zu Grillfleisch, Grillgemüse und Fladenbrot. Er lässt sich sehr gut einen Tag im Voraus zubereiten und schmeckt auch zu knackigem Gemüse.

Nährwerte pro Portion:

90 kcal, 5 g E, 5 g F, 6 g KH, 0 g Ba, 0,5 BE, 0,5 KE, 20 mg Chol.

Pumpernickeltaler

2 Portionen · preisgünstig

½	rote Paprikaschote		Paprikapulver, edelsüß
1	Knoblauchzehe		Paprika-Jodsalz
75 g	Magerquark	1	Prise Chili, gemahlen
75 g	körniger Frischkäse		flüssiger Süßstoff nach Geschmack
½	Packung gemischte Kräuter (tiefgekühlt)	1 TL	Rapsöl
	Pfeffer, frisch gemahlen	8	Pumpernickeltaler (50 g)

- Die Paprika putzen, abspülen und in feine Würfel schneiden. Die Knoblauchzehe abziehen, fein hacken oder zerdrücken. In einer Schüssel Quark, körnigen Frischkäse, Kräuter, und Gewürze zu einer glatten Creme rühren. 1 Teelöffel Kräuter beiseite stellen.
- Die Creme mit Süßstoff abschmecken und Öl, Knoblauch und Paprikawürfel unterrühren. Die Pumpernickeltaler mit der Creme bestreichen und auf einer Platte anrichten. Mit etwas Paprikapulver und den restlichen Kräutern bestreut servieren.

Tipp

Die Pumpernickeltaler sind ideal, wenn Sie Gäste erwarten. Außerdem eignen sie sich auch super als leckere Vorspeise zum Ostermenü.

Nährwerte pro Portion:

145 kcal, 12 g E, 5 g F, 13 g KH, 4 g Ba, 0,8 BE, 1 KE, 5 mg Chol.

Sushi mit Lachs und Gurke

Mit Sushi bringen Sie einen Hauch von Japan in Ihre Küche. Wer es einmal probiert hat, wird sehen, wie leicht die Zubereitung ist.

20 Sushi · braucht etwas mehr Zeit

80 g	Sushireis
1½ TL	Su (Reisessig)
½ TL	Salz
	flüssiger Süßstoff nach Geschmack
	Sojasauce
50 g	frisches Lachsfilet oder hauchdünner Räucherlachs
¼	Salatgurke
2–3	Noriblätter (Algenblätter)
1 TL	Wasabi (grüne Rettichpaste)
1	Bambusmatte zum Aufrollen der Sushi
50 g	eingelegter Ingwer

MEHR WISSEN

Kleine Warenkunde: Wasabi, Nori, Su und eingelegter Ingwer

Su ist Reisessig und eine Zutat für das Kochen von Sushireis. Wasabi ist eine grüne, sehr scharfe Rettichpaste, die in Tuben, Gläsern oder als Trockenpulver zum Anrühren mit Wasser angeboten wird. Sie hat einen sehr scharfen Eigengeschmack und wird in kleiner Menge – wie ein Konzentrat – zu Sushi gereicht. Noriblätter sind dunkelgrüne, hauchdünne Algenblätter, praktisch die Außenhülle der Maki-Sushi

- Den Reis in einem Sieb unter fließendem Wasser abspülen, bis das Wasser klar bleibt, dann in einem Sieb abtropfen lassen. Knapp 100 ml Wasser zum Kochen bringen und den Reis bei schwacher Hitze 20 Min. darin ausquellen lassen. Zwischen Topf und Deckel ein Küchentuch legen, um den Wasserdampf aufzusaugen.

- Reisessig, Salz, Süßstoff und 1 Teelöffel Sojasauce in einem weiteren Topf bei starker Hitze kurz aufkochen und abkühlen lassen. Den fertig gegarten, warmen Reis in eine Schüssel geben, den Würzsud mit einem Holzlöffel vorsichtig untermischen. Die Reiskörner dabei nicht zerdrücken. Den Reis vor der Weiterverarbeitung mindestens 2 Stunden auskühlen lassen.

- Den Lachs mit einem sehr scharfen Messer in hauchdünne, etwa 1,5 cm breite und 5 cm lange Streifen schneiden. Die Gurke schälen, längs halbieren und mit einem Teelöffel das Kerngehäuse herauskratzen. Anschließend in ½ cm breite Streifen schneiden.

- Ein Noriblatt auf die Bambusmatte legen und vorsichtig ½ cm dick mit Sushireis bestreichen. Den oberen Rand 1 cm frei lassen. Auf dem Reis eine hauchdünne Schicht Wasabi verteilen (er ist wirklich sehr scharf). Darauf die Lachs- oder Gurkenstücke im Wechsel legen. Die Bambusmatte von der unteren Seite beginnend aufrollen. Achten Sie darauf, dass die Noriblätter nicht brechen und eine schöne feste Rolle entsteht.

- Die Bambusmatte entfernen und mit einem in kaltem Wasser getränkten, scharfen Küchenmesser die Rolle in Stücke schneiden. Die fertigen Sushiröllchen auf einer Platte anrichten. Etwas süß-sauer eingelegten Ingwer und Wasabi dazu reichen. Zum Dippen der Sushi ein Schälchen Sojasauce bereitstellen.

Nährwerte pro Lachs-Gurke-Sushi bei insgesamt 20 Stück:
30 kcal, 1 g E, 0 g F, 6 g KH, 0 g Ba, 0,5 BE, 0,8 KE, 1 mg Chol.

Hachi

Gratinierter Chicorée

Zart und mild kommt er daher, der Chicorée. Abgerundet mit einer cremigen Béchamelsauce ist er für Groß und Klein ein Hit.

2 Portionen · gelingt leicht

4	Chicorée-Stauden
1 EL	Rapsöl
	Salz
	Pfeffer, frisch gemahlen
200 ml	fettarme Milch
	Muskatnuss, frisch gerieben
2 EL	Mehl (20 g)
2	Scheiben gekochter Schinken
½	Packung Petersilie (tiefgekühlt)

Tipp

Wenn Sie keine frische Petersilie auf dem Balkon oder im Garten züchten können, legen Sie sich einen kleinen Tiefkühlvorrat zu. Denn Petersilie ist universell einsetzbar und eine gute Kalziumquelle.

- Den Backofen auf 180 Grad (Gas Stufe 2 bis 3, Umluft 160 Grad) vorheizen. Die Chicoréestauden putzen, halbieren und das bitter schmeckende Herz entfernen. Das Öl in einem Topf erhitzen. Chicorée salzen und pfeffern und im Öl etwa 15 bis 20 Min. dünsten. Aus dem Topf nehmen und gut abtropfen lassen.

- Die Milch in einen Topf geben, salzen, pfeffern, mit Muskat würzen und zum Kochen bringen. Das Mehl mit etwas Wasser anrühren und in die kochende Milch geben. Die Schinkenscheiben halbieren. Den Chicorée je mit einer halben Scheibe Schinken umwickeln und in eine Auflaufform legen.

- Die Sauce darübergießen und auf mittlerer Höhe 10 Min. backen. Anschließend mit der gehackten Petersilie bestreut servieren.

Passt gut zu: frischem Kartoffelpüree und Gulasch.

Nährwerte pro Portion:

180 kcal, 14 g E, 7 g F, 15 g KH, 2 g Ba, 1 BE, 1 KE, 25 mg Chol.

MEHR WISSEN

Rapsöl – das Olivenöl des Nordens

Rapsöl erlebt ein gesundes Comeback. Es ist reich an einfach ungesättigten Fettsäuren, die eine positive Wirkung auf erhöhte Blutfette haben. Seine Farbe ist hellgelb und es ist äußerst geschmacksneutral, unterstreicht dabei den Eigengeschmack der Speisen. Sie können es sehr gut zum Braten, Dünsten, Kochen und Backen verwenden. Es verträgt Temperaturen bis 180 Grad Celsius.

Marinierte Kirschtomaten

Schnell gemacht und unvergleichlich lecker. Holen Sie sich ein Stück Italien nach Hause – das geht auch im Winter.

2 Portionen · BE/KE-frei

500 g	Kirschtomaten
1 EL	Olivenöl
200 bis 300 ml	Balsamico
	Kräuter-Jodsalz
	Pfeffer, frisch gemahlen
	flüssiger Süßstoff nach Geschmack

Nährwerte pro Portion:

60 kcal, 1 g E, 5 g F, 3 g KH, 1 g Ba, 0 BE, 0 KE, 0 mg Chol.

- Die Kirschtomaten abspülen. Das Olivenöl in einer Pfanne erhitzen und die Tomaten in die Pfanne geben. Im heißen Öl maximal 5 Min. anschwitzen. Herausnehmen, wenn sich die Schale der Tomaten an einer Seite langsam öffnet.
- In einer Schüssel den Essig mit den Gewürzen mischen und abschmecken. Die Tomaten in den Sud geben, so dass sie mit dem Essig bedeckt sind. Mindestens 2 Stunden ziehen lassen.

Tipp

Die marinierten Kirschtomaten können Sie sehr gut anstelle eines Salates oder einer frischen Tomate zum Brot genießen.

MEHR WISSEN

Kleine Warenkunde: Tomaten

Die zum Fruchtgemüse gehörenden Tomaten sind wahre Tausendsassa in der Küche. Die roten Früchte schmecken frisch und gekocht sehr gut. Und Tomaten sind gesund: Etwa drei mittelgroße Tomaten decken den täglichen Vitamin-C-Bedarf eines Erwachsenen. Sie sind reich an Magnesium, Kalium, Beta-Karotin und Folsäure. Und in Tomaten – besonders in gekochtem Zustand – ist der sekundäre Pflanzenstoff Lykopin enthalten, der als Krebsschutzstoff bezeichnet wird. Wenn Sie im Winter zwischen Treibhausware und Dosentomaten wählen können, dann greifen Sie zur Konserve. Dem Lykopin zuliebe! Tomaten sollten immer bei Zimmertemperatur gelagert werden, so können sie ihr volles Aroma entfalten. Haben Ihre Tomaten grüne Stellen, wickeln Sie die Früchte in Zeitungspapier, dann reifen sie schneller nach. Tomaten sollten im Gemüsevorrat einen Einzelplatz zugeteilt bekommen, da sie einen Stoff abgeben, der anderes Obst und Gemüse schneller reifen lässt und dessen Geschmack beeinträchtigt werden kann.

Marinierte Paprikaschoten

Mögen Sie Gemüse mit Geschmack? Dann nichts wie los: Rote, grüne und gelbe Paprika lässt sich herrlich marinieren.

- Die Paprikaschoten putzen, abspülen und in Stücke schneiden. Die Knoblauchzehen abziehen und in dünne Scheiben schneiden. Die Chilischote längs halbieren, die Kerne herauskratzen und die halbe Schote in dünne Stückchen schneiden. Die Rosmarinzweige abspülen und trocken schütteln.

- Essig und Öl in einen Topf gießen, die Gewürze, Rosmarin und Pfefferkörner zugeben und kurz aufkochen lassen. Jetzt die Paprikaschoten in die warme Marinade geben und etwa 15 Min. ziehen lassen. Mit dem Sud in die Gläser füllen und einige Tage im Kühlschrank ruhen lassen.

Tipp

Die marinierten Paprikaschoten schmecken besonders lecker zu Grillfleisch oder als Zutat in Zigeunersauce. Aber auch einfach zwischendurch, wenn Sie die Lust auf Pikantes überfällt.

Nährwerte pro Portion, abgetropft:

120 kcal, 2 g E, 10 g F, 5 g KH, 6 g Ba, 0 BE, 0 KE, 0 mg Chol.

6 Portionen · BE/KE-frei

2	rote Paprikaschoten
2	gelbe Paprikaschoten
2	grüne Paprikaschoten
6	Knoblauchzehen
½	Chilischote
2	Rosmarinzweige
250 ml	weißer Balsamico
250 ml	dunkler Balsamico
6 EL	Olivenöl
2 EL	grüne Pfefferkörner
1 EL	grobes Meersalz
2	Gläser mit Twist-off-Deckel

Hauptgerichte

Fischklößchen Helgoland

Da lacht das Kinderherz: ohne Gräten, weich und mit knuspriger Kruste. Bestimmt bleibt kein Klößchen über.

€ 2 Portionen · preisgünstig

3–4 EL	Zitronensaft
	Salz
400 g	Seelachsfilet (tiefgekühlt)
	Pfeffer, frisch gemahlen
1	Packung Dill (tiefgekühlt)
1	Ei
2 EL	Magerquark
1 EL	Paniermehl (15 g)
3 EL	Cornflakes (15 g)
2 EL	Rapsöl
75 ml	fettreduzierte Sahne (z. B. „Cuisine" von Alpro)
1 EL	Weizenmehl (20 g)

SO WIRD'S GEMACHT

Fettarm kochen mit „Cuisine"

Es muss nicht immer Sahne sein, die eine Sauce oder Suppe cremig macht. Die Pflanzensahne „Cuisine" von Alpro Soja wird aus Sojabohnen hergestellt, ist cholesterinfrei, enthält hochwertige pflanzliche Öle mit einem hohen Anteil an ungesättigten Fettsäuren und ist weitaus fettärmer (17 % Fett/100 g) als Sahne, Crème fraîche und Co. Erhältlich ist die Pflanzensahne „Cuisine" in Supermärkten bei den Sojamilchprodukte die nicht im Kühlregal stehen.

- Etwas Wasser mit etwas Zitronensaft und wenig Salz in einen Topf geben, einmal aufkochen und den tiefgekühlten Seelachs in das Wasser geben und auftauen lassen. Anschließend den weichen Fisch aus dem Sud nehmen, gut abtropfen lassen und mit einem Pürierstab zu feinem Mus pürieren.

- Mit Zitronensaft, Salz, Pfeffer, Dill, Ei, Quark und Paniermehl zu einer Fischfarce verarbeiten und noch einmal abschmecken. Mit 2 Esslöffeln Zitronensaft, Salz, Pfeffer, Dill, Ei, Quark und Paniermehl zu einer Fischfarce verarbeiten. Noch einmal abschmecken und aus der Masse kleine, gleich große Bällchen formen.

- Die Cornflakes in der Küchenmaschine zu feinem Mehl zermahlen oder je nach Geschmack in einem Mörser zu grobem Mehl zerbröseln. Die Fischbällchen im Cornflakesmehl wälzen. Das Öl in einer beschichteten Pfanne erhitzen und die Fischbällchen rundherum bei mittlerer Hitze braten. Die Brattemperatur nicht zu hoch wählen, denn die Fischbällchen verbrennen sehr schnell.

- Für die Sauce 75 ml Wasser und die Sahne in einen Topf geben. Mit dem restlichen Zitronensaft, Salz und Pfeffer abschmecken und aufkochen lassen. Das Mehl mit wenig Wasser glatt rühren und in die kochende Flüssigkeit geben und dabei kräftig umrühren. Falls nötig, noch einmal abschmecken.

- Einen Saucenspiegel auf zwei Teller gießen und die Klößchen daraufsetzen. Die restliche Sauce separat reichen, damit die goldbraun gebratenen Klößchen appetitlich zur Geltung kommen.

Beilage: Kartoffeln und frischer Blattspinat.

Nährwerte pro Portion:

525 kcal, 47 g E, 27 g F, 23 g KH, 1 g Ba, 1,5 BE, 1, 5 KE, 200 mg Chol.

Currykabeljau

Köstlich, was sich unter der Zwiebel-Käsehaube versteckt: saftig-fettarmer Kabeljau, ganz ohne Gräten.

2 Portionen · BE/KE-frei

400 g	Kabeljaufilet (frisch oder tiefgekühlt)
2 EL	Zitronensaft
	Kräuter-Jodsalz
	Pfeffer, frisch gemahlen
2	Zwiebeln
	Curry
2 TL	gekörnte Gemüsebrühe
2 EL	fettreduzierter Reibkäse (max. 30 % F. i. Tr.)

- Den Backofen auf 180 Grad (Gas Stufe 2 bis 3, Umluft 160 Grad) vorheizen. Das Fischfilet kalt abspülen (bei tiefgekühltem Fisch entfällt dieser Arbeitsschritt), trocken tupfen, mit Zitronensaft beträufeln und mit wenig Kräuter-Jodsalz und Pfeffer würzen.
- Die Zwiebeln abziehen und in mitteldicke Ringe schneiden. Die Fischfilets in eine Auflaufform legen, die Zwiebelringe darauf verteilen und mit Curry bestäuben. 250 ml Wasser mit der Gemüsebrühe und etwas Curry mischen und über den Fisch gießen. Zum Schluss den geriebenen Käse über dem Fisch verteilen.
- Auf mittlerer Schiene im Backofen 15 bis max. 25 Min. überbacken. Den Fisch aus dem Sud nehmen, gut abtropfen lassen und darauf achten, dass er nicht auseinander bricht.

Beilage: Risotto mit Erbsen und Endiviensalat.

Tipp

Der Curryfischfond bietet sich für die Zubereitung von Reis an. Dazu kochen Sie den Reis mit Wasser und dem Fischfond vom Currykabeljau. Das verleiht dem Reis eine besondere Note, die Vitamine bleiben erhalten, und er passt perfekt zum Fisch.

Nährwerte pro Portion:

190 kcal, 38 g E, 3 g F, 3 g KH, 1 g Ba, 0 BE, 0 KE, 1 mg Chol.

MEHR WISSEN

Kleine Warenkunde: Kabeljau

Kabeljau – auch Dorsch genannt – gehört zur Gruppe der mageren Seefische. Er ist für alle Garmethoden geeignet und schmeckt sehr gut in Verbindung mit Sauce oder Sud. In getrockneter Form heißt er Stock- oder Klippfisch und wird bevorzugt in Mittelmeerländern gegessen. Die Leber des Kabeljaus ist sehr kostbar: Aus ihr stammt der Vitamin-D-reiche Lebertan.

Fisch professionell zubereiten

Frischen Fisch nach der 3-S-Regel zubereiten

Damit frischer Fisch garantiert gelingt und schmeckt, gehen Sie bei der Zubereitung nach der so genannten 3-S-Regel vor. Sie steht für Säubern, Säuern und Salzen. Zuerst wird der frische Fisch nach dem Ausnehmen unter kaltem Wasser abgespült und dann getrocknet und anschließend mit Zitronensaft oder Essig beträufelt. Dadurch wird das Fischfleisch fest und weiß. Zudem gerinnt das Eiweiß, und der Fischgeruch wird gebunden. Salzen Sie den Fisch erst kurz vor der Zubereitung. Denn das Salz entzieht dem Bindegewebe Wasser, wodurch sich der Geschmack intensiviert. Passende Kräuter zum Fisch sind Basilikum, Dill und Thymian. An Gewürzen eignen sich besonders Knoblauch, Pfeffer, Curry, Senf, Ingwer und sogar eine Prise Zimt, wenn Sie es orientalisch mögen. Wenn Sie sich für Tiefkühlfisch entscheiden, entfällt das Abspülen bei der 3-S-Regel.

Tipps zum Fischkauf

Frischen Fisch erkennen Sie an seinen Augen. Sind sie klar und prall, ist der Fisch frisch. Er hat eine metallisch glänzende Haut mit fest sitzenden Schuppen, ohne Druckstellen und Verletzungen. Frischer Fisch sollte an allen Stellen, an denen sein Blut sichtbar wird – an den Kiemen und der Innenseite der Bauchhöhle – leuchtend rot sein. Verlassen Sie sich auch auf Ihre Nase und machen den Schnuppertest. Frischer Fisch duftet nach Meer, Jod und Algen.

Gesund und figurfreundlich

Fisch ist ein hochwertiger Eiweiß- und Jodlieferant. Aber auch in puncto Kalorien kann er sich sehen lassen. Magerfische mit einem Fettgehalt unter 10 g pro 100 g liefern in einer Portion im Schnitt 150 bis 180 Kalorien und fette Fische in dieser Menge etwa 250 bis 350 Kalorien. Alle Fische zählen zu den BE/KE- freien Lebensmitteln. Wenn Sie gerne abnehmen möchten, sollten Sie fettarme Fischmahlzeiten einplanen, denn Fisch macht schlank und ist leicht bekömmlich.

◀ Frischer Fisch von Grill ist eine tolle Alternative zu Grillfleisch.

Fischsuppe mit Gemüse

Ideal für eilige Köche – alles kommt aus einem Topf, ist vitaminreich und fettarm. So gut kann eine Fischsuppe sein.

- Die Zwiebeln abziehen und würfeln. Die Lauchstange längs halbieren, abspülen und in mitteldicke Ringe schneiden. Die Karotten schälen, halbieren und in dünne Scheiben schneiden. Die Sellerieknolle schälen und in mittelgroße Würfel oder Streifen schneiden.

- Das Öl in einer Pfanne erhitzen und das Gemüse darin kräftig anbraten und anschließend mit Kräuter-Jodsalz würzen. Etwa 5 Min. auf mittlerer Flamme weiter garen. Seelachs- und Kabeljaufilet kalt abspülen, trocken tupfen, mit dem Essig beträufeln, wenig salzen und in mittelgroße Stücke schneiden.

- ½ l Wasser in einem Topf erhitzen, die gekörnte Gemüsebrühe darin auflösen und das angebratene Gemüse in die Brühe geben. Auf mittlerer Flamme 10 bis 15 Min. garen. Die Krabben und die Fischstücke vorsichtig in die Suppe geben und den Fisch in der Brühe gar ziehen lassen. Zum Abschluss die Suppe mit Salz und Pfeffer abschmecken und die gemischten Tiefkühlkräuter in die Suppe rühren.

Tipp

Bereiten Sie direkt eine komplette Mahlzeit aus der Fischsuppe zu. Wenn Sie gekochten Reis oder Kartoffeln vom Vortag haben, können Sie diese entsprechend Ihrer BE/KE kurz vor Ende der Garzeit in die Suppe geben. Oder Sie kochen klein geschnittene Kartoffeln oder Reis entsprechend Ihrer Be/KE-Menge direkt in der Suppe mit.

Nährwerte pro Portion:

300 kcal, 39 g E, 10 g F, 14 g KH, 10 g Ba, 0 BE, 0 KE, 140 mg Chol.

2 Portionen · BE/KE-frei

2	Zwiebeln
1	Stange Lauch
2	Karotten
½	Sellerieknolle
1 EL	Rapsöl
	Kräuter-Jodsalz
150 g	Seelachsfilet
150 g	Kabeljaufilet
	Weißweinessig
1–2 TL	gekörnte Gemüsebrühe
100 g	Krabben, verzehrfertig
	Salz
	Pfeffer, frisch gemahlen
1	Packung gemischte Kräuter (tiefgekühlt)

Asiatischer Fisch in Kokosmilch

Darf ich vorstellen: mein liebstes Fischgericht. Lecker, schnell und kalorienarm. Das kommt immer wieder gut bei Gästen an – probieren Sie es aus!

2 Portionen · BE/KE-frei

400 g	Seelachsfilet (tiefgekühlt)
2 EL	Zitronensaft
	Asia-Jodsalz
	Pfeffer, frisch gemahlen
1	kleine Dose Kokosmilch (400 ml)
1 TL	rote Currypaste
1–2 TL	gekörnte Gemüsebrühe
400–500 g	asiatisches Tiefkühlgemüse (ohne Fett und Gewürze)

- Den Backofen auf 180 Grad (Gas Stufe 2 bis 3, Umluft 160 Grad) vorheizen. Den Fisch säuern und mit wenig Asia-Jodsalz bestreuen und leicht pfeffern. Die Kokosmilch mit etwas Pfeffer, der roten Currypaste und der Gemüsebrühe mischen und abschmecken.

- Das Tiefkühlgemüse in eine Auflaufform geben und den Fisch auf das Gemüse legen. Mit der Kokosmilch übergießen. Auf mittlerer Schiene im Backofen 30 bis 45 Min. garen.

Beilage: Basmatireis, denn er vereint sich perfekt mit der würzig-scharfen Kokossauce.

Variante: Wenn Sie kein Fischfreund sind oder keinen Fisch vorrätig haben, dann lassen sich auch sehr gut Hähnchenbrust oder Tofu mit den Zutaten des Rezeptes kombinieren.

Nährwerte pro Portion:

205 kcal, 39 g E, 3 g F, 5 g KH, 4 g Ba, 0 BE, 0 KE, 40 mg Chol.

MEHR WISSEN

Kleine Warenkunde: Kokosmilch

Kokosnussmilch wird aus gepresstem Kokosfleisch und Wasser hergestellt. Sie ist sehr cremig und daher ein guter Sahneersatz. Kokosmilch wird in Dosen zu 400 ml in Asia-Abteilungen von Supermärkten angeboten. Besonders preisgünstig ist Kokosmilch in asiatischen Lebensmittelgeschäften. Es lohnt sich auch, einen Vorrat anzulegen, denn ungeöffnet ist eine Dose Kokosmilch mindestens ein Jahr haltbar. Geschmacklich ist sie zudem vielseitig einsetzbar, z. B. zu Fisch und Geflügel, aber auch als Grundlage für köstlichen Milchreis. Auch ihre Nährwerte können sich sehen lassen: 100 ml Kokosmilch liefern im Schnitt etwa 1 g Fett und maximal 2 g Kohlenhydrate, dazu ist sie als rein pflanzliches Produkt cholesterinfrei.

Sesamrotbarsch aus dem Wok

China meets Deutschland: Fisch aus dem Wok ist für gesundheitsbewusste Anfänger und Könner in der Küche genau das Richtige.

- Die Schalotten abziehen und fein würfeln. Die Paprikaschote putzen, abspülen und in feine Streifen schneiden. Die Zucchini putzen und abspülen, halbieren und in feine Scheiben schneiden. Wasser in einem Topf zum Kochen bringen, die Sojabohnenkeimlinge darin kurz blanchieren und auf einem Sieb abtropfen lassen.

- 1 Esslöffel Erdnussöl im Wok erhitzen und darin die Schalotten, Paprika und Zucchini anbraten. Zum Schluss die Sojabohnenkeimlinge zufügen und alles etwa 5 Min. dünsten. Das getrocknete Zitronengras zum Gemüse geben, mit Asia-Jodsalz, Pfeffer und etwas flüssigem Süßstoff würzen und mit etwas Sojasauce ablöschen.

- Das Gemüse aus dem Wok nehmen und warm stellen. Den Rotbarsch kalt abspülen, trocken tupfen, mit Zitronensaft säuern und mit wenig Salz und Pfeffer würzen. Das Mehl in einen Suppenteller geben. Paniermehl und Sesam mischen und in einen zweiten Suppenteller füllen. Das Ei in einem tiefen Teller verquirlen.

- Den gewürzten Fisch zuerst in Mehl, dann in Ei und zum Schluss in der Sesam-Paniermehl-Mischung wenden. Das restliche Öl im Wok erhitzen und den panierten Fisch von jeder Seite etwa 5 Min. braten. Das Gemüse auf Tellern anrichten und den frisch gebratenen Fisch daraufgeben.

Beilage: Reis oder gebratene Nudeln.

Nährwerte pro Portion:

600 kcal, 51 g E, 27 g F, 38 g KH, 9 g Ba, 2 BE, 2 KE, 200 mg Chol.

€ 2 Portionen · preisgünstig

4	Schalotten
1	rote Paprika
1	mittelgroße Zucchini
200 g	Sojasprossen
2 EL	Erdnussöl
	etwas Zitronengras, getrocknet
3 EL	Asia-Jodsalz
	Pfeffer, frisch gemahlen
	flüssiger Süßstoff nach Geschmack
	Sojasauce
400 g	Rotbarschfilet
	Zitronensaft
	Salz
1 EL	Weizenmehl (10 g)
50 g	Paniermehl
1 EL	Sesam
1	Ei

HAUPTGERICHTE

Fischspieße Pomodoro

Schnell etwas Raffiniertes für den Grill zaubern? Kein Probelm mit den fruchtig-mediterranen Fischspießen.

2 Portionen · BE/KE-frei

400 g	Steinbeißerfilet
2 EL	Zitronensaft
	Kräuter-Jodsalz
2	Zwiebeln
½	Packung Petersilie (tiefgekühlt)
1	Knoblauchzehe
2 EL	Tomatenmark
	Pfeffer, frisch gemahlen
	flüssiger Süßstoff nach Geschmack
2 EL	Olivenöl
4	Holzspieße

Nährwerte pro Portion:

300 kcal, 37 g E, 14 g F, 6 g KH, 1 g Ba, 0 BE, 0 KE, 160 mg Chol.

- Das Steinbeißerfilet kalt abspülen und trocken tupfen. Mit Zitronensaft beträufeln und mit etwas Kräuter-Jodsalz bestreuen. Die Zwiebeln abziehen und vierteln. Das Fischfilet in mittelgroße Würfel schneiden und abwechselnd mit den Zwiebelvierteln auf Holzspieße stecken.

- Die Petersilie in eine Schale geben. Die Knoblauchzehe abziehen, sehr fein hacken oder zerdrücken. Mit dem Tomatenmark zur Petersilie geben und verrühren. Leicht salzen und pfeffern, nach Geschmack Süßstoff hinzufügen und 1 Esslöffel Olivenöl in die Paste rühren.

- Das restliche Öl in einer beschichteten Pfanne erhitzen und die Spieße von allen Seiten anbraten. Mit der Tomatenpaste vorsichtig einpinseln und auf mittlerer Flamme etwa 4 bis 5 Min. weiterbraten.

Tipp

Die Spieße eignen sich auch prima zum Grillen und schmecken besonders gut mit Sesamkartoffeln, Kräuterquark und Salat.

MEHR WISSEN

Kleine Warenkunde: Steinbeißer – ein besonderer Fisch

Dieser nordatlantische Fisch ist auch unter dem Namen Klipp-, Kat-, Austernfisch oder Seewolf bzw. Wolfsfisch bekannt. Er hat ein delikates, sehr festes, fettarmes Fleisch, das sich besonders gut für Spieße eignet. Ähnlich verhält es sich mit frischem Thunfisch (Bonito). Der Steinbeißer ist kein Massenprodukt, und Sie finden Ihn deshalb vorwiegend im Fischfachgeschäft oder an der Frischfischtheke im Supermarkt. Preislich liegt er im etwas höheren Bereich. Eine Steinbeißerportion von etwa 200 g Frischfisch liefert im Schnitt etwa 120 Kalorien, 16 g Eiweiß, 3 bis 6 g Fett (ist also ein Magerfisch) und keine Kohlenhydrate.

Red Snapper im Spinatbett

Da lacht das Genießerherz, wenn Sie diesen Fisch mit Spinat und Sesam auf den Tisch bringen.

2 Portionen · BE/KE-frei

400 g	Blattspinat (tiefgekühlt)
1	kleines Stück Ingwer
1	Zwiebel
1 EL	Olivenöl
	Knoblauch-Jodsalz
	Pfeffer, frisch gemahlen
	Muskatnuss, frisch gerieben
2 EL	Sojasauce
400 g	Red-Snapper-Filet
	Limettensaft
1 TL	schwarzer Sesam

Tipp

Schwarzer Sesam liefert mehr Vitamine und Mineralstoffe als weißer, geschälter Sesam. Wenn Sie keinen schwarzen Sesam alleine verwenden möchten, mischen Sie die gesunden Samen mit weißen.

- Den Blattspinat auftauen. Ingwer schälen und fein hacken oder auf einer Reibe grob reiben. Die Zwiebel abziehen und fein würfeln. Die Hälfte des Öls in einer beschichteten Pfanne erhitzen. Zwiebeln und Ingwer darin anbraten. Den Blattspinat zugeben, mit Knoblauch-Jodsalz, Pfeffer, Muskat und Sojasauce würzen. Aus der Pfanne nehmen und warm stellen.

- Den Fisch kalt abspülen, trocken tupfen, mit Limettensaft säuern, etwas salzen und pfeffern. Das restliche Öl in der Pfanne erhitzen und das Fischfilet von allen Seiten anbraten und etwa 5 Min. garen. Das Gemüse auf zwei Tellern portionieren, den gebratenen Red Snapper daraufgeben und mit dem schwarzen Sesam bestreut servieren.

Beilage: Reis oder frisches Fladenbrot mit fettarmem Naturjoghurt.

Nährwerte pro Portion:

265 kcal, 43 g E, 9 g F, 3 g KH, 6 g Ba, 0 BE, 0 KE, 145 mg Chol.

MEHR WISSEN

Red Snapper: exotischer Name – exotischer Fisch?

Das Fleisch des karibischen Red Snapper ist schön fest und lässt sich prima braten oder grillen. Er eignet sich ideal für all diejenigen, die Fisch mit wenigen Gräten bevorzugen. Er ist besonders einfach zu essen. Bekommen Sie keinen Red Snapper im Fischgeschäft oder an der Fischtheke im Supermarkt, können Sie auch auf Wolfsbarsch oder Steinbeißerfilet zurückgreifen.

Teriyakihähnchen

Mögen Sie asiatisches Hühnchen mit dem besonderen Etwas? Dann sollten Sie dieses einfache und leckere Gericht unbedingt probieren.

- Die Hähnchenbrust kalt abspülen, trocken tupfen und in der Teriyakisauce etwa 15 Min. marinieren. Die Zwiebel abziehen und in Würfel schneiden. Die Mango schälen, entsteinen und das Fruchtfleisch würfeln. Die Tomaten abspülen und halbieren.

- Das Sesamöl in einer Pfanne erhitzen und das Fleisch rundherum anbraten. Die Zwiebelwürfel dazugeben und mit anbraten. Mit der Hähnchenbrustmarinade und der Sojasauce aufgießen und 3 bis 5 Min. auf mittlerer Flamme köcheln lassen.

- Zum Schluss kurz die Mangowürfel und die halbierten Kirschtomaten in der Sauce erhitzen und alles mit etwas Chili, Pfeffer, ein wenig Salz und etwas Süßstoff abschmecken. Mit Sesam bestreut servieren.

Beilage: Reis und ein asiatischer Gemüsesalat.

Nährwerte pro Portion:

280 kcal, 37 g E, 9 g F, 13 g KH, 3 g Ba, 0,8 BE, 1 KE, 100 mg Chol.

2 Portionen · gelingt leicht

300 g	Hähnchenbrust
2 EL	Teriyakisauce
1	Zwiebel
1	Mango (150 g Fruchtfleisch)
10	Kirschtomaten
1 EL	Sesamöl
1 EL	Sojasauce
	Chili, gemahlen
	Pfeffer, frisch gemahlen
	wenig Salz
	flüssiger Süßstoff nach Geschmack
1 EL	Sesam

MEHR WISSEN

Kleine Warenkunde: Teriyakisauce

Teriyaki ist eine sehr pikante asiatische Würzsauce. Sie schmeckt süßlich-würzig, und mit ihr lassen sich Rind- und Geflügelfleisch, aber auch Fisch und Meeresfrüchte marinieren und asiatisch verfeinern. Auch für Wokrezepte, zu Nudel- und Reisgerichten schmeckt Teriyakisauce besonders köstlich. Die fett- und fast kalorienfreie Sauce enthält fast kaum Kohlenhydrate und liefert als Gewürzzutat keine BE/KE. Sie ist in asiatischen Lebensmittelgeschäften und in Supermärkten mit Asiaabteilung erhältlich.

Putenbraten mit Dörrobstfüllung

Es gibt keinen Grund als Fleischfan auf einen Braten zu verzichten. Mit der Methode im Bratschlauch geht es ganz einfach und unkompliziert.

6 Portionen · braucht etwas mehr Zeit

1 kg	Putenbraten
4	Backpflaumen (ca. 80 g)
4	Dörraprikosen (ca. 60 g)
2 EL	fettreduzierter Frischkäse (max. 18 % Fett)
	Salz
	Pfeffer, frisch gemahlen
	Curry
	Paprikapulver
3	Karotten
1–2 EL	gekörnte Fleischbrühe
250 ml	fettreduzierte Sahne (z. B. „Cuisine“ von Alpro)
1	Packung Petersilie (tiefgekühlt)
	Küchengarn
1	Bratschlauch

Nährwerte pro Portion:

315 kcal, 43 g E, 8 g F, 18 g KH, 5 g Ba, 1 BE, 1 KE, 100 mg Chol.

- Den Ofen auf 180 Grad (Gas Stufe 2 bis 3, Umluft 160 Grad) vorheizen. Das Fleisch mit einem scharfen Messer längs einmal einschneiden. Die Backpflaumen entsteinen. Aprikosen und Backpflaumen in mittelgroße Würfel schneiden.

- Das aufgeschnittene Fleisch leicht aufklappen und mit dem Frischkäse bestreichen, salzen und pfeffern. Drei 20 cm lange Stücke Küchengarn zurecht schneiden. Das gewürfelte Dörrobst auf dem Frischkäse verteilen. Das aufgeklappte Fleisch vorsichtig wieder schließen, fest zusammendrücken und an beiden Enden sowie in der Mitte mit dem Küchengarn umwickeln und fest verknoten.

- Das Fleisch von außen mit Curry und Paprikapulver bestäuben. Die Karotten schälen und in drei gleich große Teile schneiden. Den Bratschlauch an einer Seite fest verschließen. Fleisch und Karotten in den Schlauch legen. Das Ganze auf ein Backblech setzen.

- 800 ml bis 1 Liter Wasser mit gekörnter Fleischbrühe, etwas Pfeffer, Paprika- und Currypulver mischen. Den Bratschlauch schräg halten und das Wasser langsam in den Beutel füllen. Mit dem zweiten Band den Bratschlauch fest zubinden und wieder auf das Blech legen. Auf der oberen Naht das Bratschlauches drei kleine Löcher einschneiden.

- Den Braten auf der mittleren Schiene etwa 60 bis 70 Min. garen. Einen Topf neben das Backblech stellen, den Bratschlauch mit einem Ende in den Topf halten und mit einer Schere den unteren Teil des Schlauchs vorsichtig aufschneiden. Die ganze Flüssigkeit in den Topf laufen lassen.

- Das Fleisch herausnehmen. Die Karotten zum Fond geben, aufkochen und die Sahne einrühren. Nach dem Aufkochen den Fond mit einem Pürierstab sämig pürieren und noch einmal abschmecken. Kurz vor dem Servieren die Petersilie unterrühren. Zum Schluss das Küchengarn vom Fleisch entfernen und in Scheiben schneiden.

Hähnchengeschnetzeltes mit Mais und Champignons

Damit sind Sie auf der sicheren Seite, wenn Gäste kommen. Kein großer Aufwand und ein leckeres Gericht auf dem Tisch.

2 Portionen · gelingt leicht

10	Champignons
½	Dose Mais (ca. 130 g)
250 g	Hähnchenbrust
1 EL	Rapsöl
	Salz
	Pfeffer, frisch gemahlen
1–2 TL	gekörnte Brühe
100 ml	fettreduzierte Sahne (z. B. „Rama Cremefine")
½	Packung Estragon (tiefgekühlt)
	Muskatnuss, frisch gerieben
1 EL	Weizenmehl (10 g)
1 TL	Zitronensaft

Nährwerte pro Portion:

580 kcal, 41 g E, 19 g F, 62 g KH, 9 g Ba, 3,7 BE, 5 KE, 150 mg Chol.

- Die Champignons mit einem feuchten Tuch abreiben, putzen und vierteln. Die Maiskörner auf einem Sieb abtropfen lassen. Die Hähnchenbrust kalt abspülen, trocken tupfen und in feine Streifen schneiden. Die Hälfte des Öls in einem Topf erhitzen und die Champignons darin scharf anbraten. Mit Salz und Pfeffer würzen und aus dem Topf nehmen.

- Das Wasser der Champignons, das beim Braten entstanden ist, auffangen. Das restliche Öl im Topf erhitzen und das Fleisch darin scharf anbraten, salzen und pfeffern. 200 ml Wasser in den Topf gießen, die Brühe darin auflösen und kurz aufkochen lassen.

- Nach etwa 10 Min. auf mittlerer Flamme das aufgefangene Pilzwasser und die Sahne in die Flüssigkeit geben und den Estragon hinzufügen. Mit den Gewürzen abschmecken und das Ganze aufkochen lassen.

- Das Mehl mit wenig Wasser glatt rühren und in die kochende Sauce rühren. Zum Schluss Mais, Champignons und den Zitronensaft in die Sauce geben und heiß werden lassen.

Beilage: Kartoffelpüree oder Bandnudeln und Gurkensalat.

MEHR WISSEN

So gesund ist Geflügel

Fettarm und reich an hochwertigem Eiweiß – so lässt sich das Fleisch von Pute und Huhn am besten beschreiben. Geflügelfleisch ist ein natürlicher Lieferant von Vitamin B_1, B_2, B_6 und Niacin. Die Gruppe der B-Vitamine sind wichtig für den Eiweiß-, Fett- und Kohlenhydratstoffwechsel. Putenfleisch ist zudem ein guter Eisenlieferant. Schon 150 g decken 30 Prozent des täglichen Eisenbedarfs eines Erwachsenen. Zur besseren Eisenaufnahme im Körper essen Sie etwas Vitamin-C-Haltiges, wie Kartoffeln oder Paprikaschoten zum Geflügel. Geflügelfleisch ist kohlenhydratfrei und muss nicht als BE/KE berechnet werden.

Knoblauch-Hähnchenkeulen

Schnell etwas für die Party zaubern? Kein Problem, denn die Hähnchenkeulen sind fix zubereitet und brutzeln von selbst.

- Den Grill oder Backofen auf 180 Grad (Gas Stufe 2 bis 3, Umluft 160 Grad) vorheizen. Die Hähnchenbeine kalt abspülen, trocken tupfen und die Haut zwei bis drei mal mit einem Messer quer einschneiden. In eine Auflaufform oder direkt auf das Gitter des Backofens legen.

- Die Knoblauchzehen abziehen und pressen oder fein hacken. Knoblauch, Honig, Salz, Pfeffer und Paprikapulver mit etwas Wasser zu einer sämigen Marinade rühren. Die Hähnchenschenkel mit der Marinade von allen Seiten gut einpinseln.

- Die Hähnchenkeulen auf der mittleren Schiene im Backofen etwa 20 bis 30 Min. grillen. Zwischendurch zweimal wenden und dabei mit der restlichen Marinade einpinseln.

Beilage: Curryreis oder Backkartoffeln und bunter Salat.

2 Portionen · preisgünstig

2	Hähnchenkeulen (ca. 400 g)
2	Knoblauchzehen
1 EL	Honig (10 g)
	Salz
	Pfeffer, frisch gemahlen
	Paprikapulver

Nährwerte pro Portion:

280 kcal, 27 g E, 17 g F, 4 g KH, 4 g Zucker, 0 g Ba, ⅓ BE, 0,4 KE, 110 mg Chol.

MEHR WISSEN

Knusprige Hähnchenhaut

Hähnchen und Pute sind die fettarmen Stars in der Geflügelfleischfamilie. Ohne Haut enthalten sie maximal 1 g Fett. Doch besonders beim Grillen sammelt sich direkt unter der Haut eine Menge Fett. Doch für viele ist gerade die knusprige Haut das Leckerste am Hähnchen. Hier gibt es eine gute Nachricht: Im Schnitt enthält Puten- oder Hähnchenfleisch selbst mit Haut nur etwa 5 bis 6 g Fett. Zur Herstellung einer würzigen Marinade rühren Sie einfach etwas Wasser mit Gewürzen an. Durch das Eigenfett der Geflügelhaut, wird die Keule trotzdem schön knusprig.

Putenspieße Zigeuner Art

Nicht nur die Kleinen werden Sie für diese Spieße lieben. Fruchtig zart und mit einer köstlichen Sauce.

2 Portionen · gelingt leicht

200 g	Putenbrustfilet
1	rote Paprikaschote
1	mittelgroße Zucchini
2	Zwiebeln
2 EL	Sonnenblumenöl
	Salz
	Pfeffer, frisch gemahlen
	Paprikapulver
1	kleine Dose Tomatenstücke (ca. 400 g)
1 TL	eingelegter grüner Pfeffer
4 EL	eingelegte rote Paprikastreifen
	flüssiger Süßstoff nach Geschmack
1–2 TL	gekörnte Gemüsebrühe
1 EL	Weizenmehl (10 g)
	Holzspieße

Nährwerte pro Portion:

290 kcal, 29 g E, 12 g F, 17 g KH, 7 g Ba, 0,5 BE, 0,5 KE, 60 mg Chol.

- Das Putenbrustfilet kalt abspülen, trocken tupfen und in mittelgroße Würfel schneiden. Paprikaschote und Zucchini putzen und beides in mittelgroße – etwa in der Größe des Fleisches – Würfel schneiden. Die Zwiebeln abziehen und vierteln.

- 1 Esslöffel Öl mit Salz, Pfeffer und Paprikapulver in einer Tasse verrühren. Jeweils Fleisch, Paprika, Zucchini und Zwiebeln im Wechsel auf den Spieß stecken. Anschließend mit einem Pinsel die Gewürzmarinade auf den Spieß streichen.

- Das restliche Öl in einer beschichteten Pfanne erhitzen und die Putenspieße von jeder Seite scharf anbraten. Anschließend auf mittlerer Flamme weitere 5 bis 8 Min. anbraten. Die Spieße aus der Pfanne nehmen und die Dosentomaten zum Bratfett geben. Kurz aufkochen lassen und mit einer Gabel oder dem Kartoffelstampfer zerdrücken.

- Die Pfefferkörner und die eingelegten abgetropften Paprikastreifen zu den Tomaten in die Pfanne geben und auf mittlerer Stufe köcheln lassen. Mit den Gewürzen abschmecken und die Gemüsebrühe einrühren. Die Fleischspieße zurück in die Sauce geben und alles bei geschlossenem Deckel weitere 5 bis 8 Min. köcheln.

- Anschließend die Spieße aus der Sauce nehmen. Das Mehl mit wenig Wasser verrühren (am besten geht das in einem Schüttelbecher) und die Mischung in die kochende Sauce geben. Aufkochen lassen, bis die Sauce etwas andickt. Die Fleischspieße zusammen mit der Sauce servieren.

Beilage: Zwiebelreis und Tomatensalat.

Tipp

Wenn Ihnen die Sauce mit der angegebenen Mehlmenge nicht dickflüssig genug ist, können Sie 1 bis 2 Esslöffel Tomatenmark in die Sauce einrühren.

Kalbsgeschnetzeltes

Klassisch und gut – das Kalbsgeschnetzelte gehört einfach ins Küchenrepertoire. Vielleicht auch bald in Ihres?

- Die Zwiebeln und die Knoblauchzehe abziehen, die Zwiebel in feine Würfel schneiden, die Knoblauchzehe fein hacken oder zerdrücken. Das Fleisch kalt abspülen, trocken tupfen und in 3 cm große Würfel schneiden. Das Öl in erhitzen und die Fleischwürfel von allen Seiten scharf anbraten.

- Die Zwiebelwürfel und den gehackten Knoblauch zufügen und unter Rühren kurz anbraten. Mit Salz, Pfeffer und Paprikapulver und den Kräutern würzen. Anschließend mit Weißwein und 100 ml Wasser aufgießen und die gekörnte Fleischbrühe im Fond auflösen. Mit geschlossenem Deckel auf mittlerer Flamme etwa eine halbe Stunde schmoren, bis das Fleisch weich ist. Dabei ab und zu umrühren.

- Den Joghurt mit dem Mehl glatt rühren. Das Fleisch kurz aufkochen lassen, abschmecken, dann den Joghurt einrühren. Achtung: Danach nicht mehr aufkochen, damit der Joghurt nicht ausflockt und gerinnt. Falls nötig, noch einmal mit den Gewürzen abschmecken.

- Den Schnittlauch abspülen und in feine Röllchen schneiden. Die Hälfte davon direkt zum Fleisch geben, die restlichen Schnittlauchröllchen vor dem Servieren über das Kalbsgeschnetzelte streuen.

2 Portionen · gelingt leicht

2	Zwiebeln
1	Knoblauchzehe
300 g	Kalbfleisch (Brust oder Schulter)
1 EL	Maiskeimöl
	Salz
	Pfeffer, frisch gemahlen
	Paprikapulver
½ TL	Majoran, getrocknet
½ TL	Thymian, getrocknet
100 ml	trockener Weißwein
1–2 TL	gekörnte Fleischbrühe
100 g	Joghurt
1 EL	Weizenmehl (10 g)
½	Bund Schnittlauch

Nährwerte pro Portion:

325 kcal, 33 g E, 12 g F, 5 g Alk, 12 g KH, 2 g Ba, 0,7 BE, 0,8 KE, 110 mg Chol.

MEHR WISSEN

Gekörnte Brühe zum Würzen

Ein Universalwürzmittel ist gekörnte Gemüse- oder Fleischbrühe. Sie ist fettarm und geschmacksintensiv. Brühe wird bei der Herstellung bereits Kochsalz zugesetzt, so dass Sie beim Einsatz der Brühe kein oder nur wenig zusätzlich salzen müssen. Brühe eignet sich nicht nur für die Zubereitung von deftigen Suppen und Eintöpfen. Sie können das Pulver auch sehr gut zum Kochen von Gemüse oder zum Abrunden von Saucen verwenden. Bevorzugen Sie Produkte ohne Geschmacksverstärker wie z. B. Natriumglutamat, da diese den Eigengeschmack der Zutaten nicht beeinträchtigen.

Budapester Paprikagulasch

Original ungarisch schmeckt das Gulasch mit zweierlei Paprikapulver, reichlich Paprikaschoten und Zwiebeln.

2 Portionen · BE/KE-frei

4	Zwiebeln
2	grüne Paprikaschoten
2	rote Paprikaschoten
300 g	mageres Schweinefleisch (z. B. aus der Schulter)
1 EL	Sonnenblumenkernöl
1 TL	Paprikapulver, edelsüß
1 TL	gekörnte Fleischbrühe
	Salz
	Pfeffer, frisch gemahlen
2 EL	Tomatenmark
1 TL	Paprikapulver, scharf

Nährwerte pro Portion:

370 kcal, 39 g E, 15 g F, 20 g KH, 13 g Ba, 0 BE, 0 KE, 105 mg Chol.

Tipp

Wenn Ihnen die Sauce zum Gulasch nicht dick genug ist, können Sie noch etwas Tomatenmark einrühren oder Zwiebeln und Paprikaschoten mit einem Pürierstab sämig pürieren.

- Die Zwiebeln abziehen und achteln. Die Paprikaschoten putzen, abspülen und in mittelgroße Würfel schneiden. Das Fleisch kalt abspülen, trocken tupfen und in ebenfalls in mittelgroße Würfel schneiden. Das Öl in einem Topf erhitzen und die Fleischwürfel von allen Seiten scharf anbraten. Mit etwas Paprikapulver bestäuben.

- Sobald sich etwas Faser am Topfboden absetzt, ein wenig Wasser angießen und diesen Schmorvorgang zweimal wiederholen. Zwiebeln und Paprika zugeben und das Fleisch noch einmal kurz anschmoren. So viel Wasser auffüllen, dass Fleisch und Gemüse bedeckt sind.

- Die gekörnte Brühe in der Kochflüssigkeit auflösen und das Fleisch auf kleiner Stufe etwa 1 Stunde garen. Wenn das Fleisch gar ist (es fühlt sich zart an und gibt dem Druck der Gabel nach), noch einmal aufkochen und mit Salz, Pfeffer, Tomatenmark und den beiden Sorten Paprikapulver abschmecken.

Beilage: Kartoffelpüree oder Nudeln und Blattsalat – eine leckere und vitaminreiche Mahlzeit.

SO WIRD'S GEMACHT

Mein Tipp für die eiweißarme Küche

In der eiweißreduzierten oder eiweißarmen Küche fallen Fleischportionen häufig etwas kleiner aus, da Fleisch sehr eiweißreich ist. Aber zum Glück haben wir Augen, die jedes Mal, wenn wir am Tisch sitzen, mitessen. Fleischspieße, Gulasch oder Ragout geben Ihnen das Gefühl, eine normal große Fleischportion auf dem Teller zu haben. Durch die Kombination mit eiweißarmem Gemüse vergrößern Sie Ihre Portion, ohne das Gefühl zu haben, verzichten zu müssen. Da freut sich Ihr Gaumen – und Ihre Nieren.

Gemüse aus dem Wok

Lassen Sie sich ruhig in Ihre Töpfe gucken. Denn was ins Wokgemüse kommt, kann sich sehen lassen: Spargel, Ingwer und Kaiserschoten, um nur ein paar zu nennen!

2 Portionen · geht schnell

250 g	grüner Spargel
1	Karotte
1	Bund Lauchzwiebeln
1	gelbe Paprikaschote
1	kleines Stück Ingwer
1 EL	Maiskeimöl
100 g	Zuckerschoten (tiefgekühlt)
	etwas Chili, gemahlen
2 EL	Teriyaki- oder Sojasauce
	Asia-Jodsalz
	flüssiger Süßstoff nach Geschmack

Nährwerte pro Portion:

140 kcal, 6 g E, 6 g F, 15 g KH, 10 g Ba, 0,5 BE, 0,5 KE, 0 mg Chol.

- Den Spargel abspülen und das untere Drittel abschneiden. Den Rest in 2 bis 3 cm große Stücke schneiden. Die Karotte schälen, abspülen und ebenfalls in 2 bis 3 cm große Stücke schneiden. Die Lauchzwiebeln putzen, abspülen und in feine Ringe schneiden.

- Die Paprikaschote putzen, abspülen, längs halbieren und in feine Streifen schneiden. Den Ingwer schälen und fein hacken. Das Öl in einem Wok stark erhitzen und das geschnittene Gemüse und den gehackten Ingwer darin kross anbraten. Dabei immer wieder das Gemüse im Wok schwenken und die Zuckerschoten zugeben. Wenig Wasser angießen und mit etwas Chili und Teriyaki- oder Sojasauce ablöschen.

- Anschließend mit geschlossenem Deckel etwa 6 bis 8 Min. bissfest garen. Während der Garzeit das Gemüse ein- bis zweimal durchrühren. Mit wenig Asia-Jodsalz, etwas Süßstoff und je nach Geschmack noch etwas Teriyaki- oder Sojasauce abschmecken.

Beilage: duftiger Basmatireis, und wenn Sie das Wokgemüse als Beilage servieren, passt es hervorragend zu mariniertem Teriyakihähnchen (siehe Rezept Seite 79).

SO WIRD'S GEMACHT

Kochen im Wok

Kochen im Wok ist eine der schonendsten und fettärmsten Garmethoden. Bei der hohen Gartemperatur und der großen Kontaktfläche werden während des Garens wenig Vitamine zerstört. Durch das Rühren und die spezielle Pfannenform bleibt der Fettverbrauch sehr niedrig. Bereits in kürzester Zeit haben Sie etwas Leckeres im Wok zubereitet. Dank der sehr schonenden Zubereitung kommt der Eigengeschmack der verschiedenen Lebensmittel sehr gut zur Geltung. So können Sie die Salzmenge im Pfannengericht ohne geschmackliche Einbußen reduzieren.

Chinakohl mit Apfel

Besonders zart und mit einem Touch Frankreich ist das Gemüse blitzschnell gekocht. So macht gesunde Küche Spaß!

- Den Chinakohl längs halbieren, vierteln und den Strunk herausschneiden. Die Viertel in mitteldicke Streifen schneiden. Gründlich abspülen und gut abtropfen lassen. Die Zwiebeln abziehen und würfeln. Den Apfel schälen, vom Kerngehäuse befreien und in Stücke schneiden.

- Die Apfelwürfel mit dem Apfelessig in einer Schale mischen, damit sie nicht braun werden. Das Öl erhitzen und den Chinakohl darin anschwitzen. Die Zwiebelwürfel zugeben und 5 Min. mit andünsten. Mit 100 ml Wasser und dem Weißwein aufgießen und mit der gekörnten Gemüsebrühe würzen. Weitere 5 Min. garen.

- Die Apfelstücke aus dem Essig nehmen und zum Gemüse in den Topf geben. Alles bei geschlossenem Deckel 5 bis 8 Min. auf kleiner Flamme gar ziehen lassen. Zum Schluss mit etwas Pfeffer und evtl. etwas Kräuter-Jodsalz abschmecken.

Tipp

Das Chinakohlgemüse ist eine gut verträgliche Alternative zu Weißkohlgemüse und schmeckt sehr lecker mit Kartoffelpüree und Hackfleisch oder einem Schnitzel.

MEHR WISSEN

Zitronensaft oder Essig für Gemüse und Obst

Die Schnittstellen von Äpfeln und Birnen werden kurz nach dem Anschneiden schnell braun. Das hängt damit zusammen, dass enthaltene Phenol-Verbindungen (gehören zur Gruppe der sekundären Pflanzenstoffe) durch Sauerstoff aus der Luft oxidieren. Sie können diesen Vorgang aber wirksam verzögern: Beträufeln Sie für süße Zubereitungen die Apfel- oder Birnenschnittstellen mit Zitronensaft und in der pikanten Version mit Essig. So bleiben die Schnittstellen weiß. Wenn Sie Champignons zu einer weißen Farbe verhelfen wollen, können Sie dazu auch sehr gut ein paar Spritzer Zitronensaft einsetzen.

2 Portionen · geht schnell

1	kleiner Kopf Chinakohl
2	Zwiebeln
1	mittelgroßer Apfel (150 g)
1 EL	Apfelessig
1 EL	Rapsöl
50 ml	trockener Weißwein
1–2 TL	gekörnte Gemüsebrühe
	Pfeffer, frisch gemahlen
	Kräuter-Jodsalz

Nährwerte pro Portion:

150 kcal, 4 g E, 6 g F, 3 g Alk, 14 g KH, 7 g Ba, 0,7 BE, 0,8 KE, 0 mg Chol.

Bunte Gemüsespieße

2 Portionen · BE/KE-frei

1	Zwiebel	2 EL	Olivenöl
1	gelbe Paprika-schote		Gemüse-Jodsalz
1	kleine Zucchini		Pfeffer, frisch gemahlen
6	kleine Champi-gnonköpfe	1	Prise Paprika-pulver
6	Kirschtomaten	4–6	Holzspieße

- Die Zwiebel abziehen und vierteln. Paprikaschote und Zucchini putzen und abspülen. Die Zucchini halbieren, noch einmal längs halbieren und in mitteldicke Würfel schneiden. Die Paprikaschote in gleich dicke Streifen schneiden und halbieren. Die Champignonköpfe mit einem feuchten Tuch abreiben und die Kirschtomaten abspülen.
- Die Zwiebelviertel, Paprika- und Zucchinistücke auf einen Teller legen. In der Mikrowelle bei 700 bis 800 Grad 1 bis 2 Min vorgaren (bzw. im Backofen ca. 5 Min. bei 180 Grad, Gas Stufe 2 bis 3). Das Öl mit den Gewürzen anrühren und das Gemüse im Wechsel auf die Spieße stecken.
- Die Spieße von allen Seiten mit dem Gewürzöl einpinseln. Entweder auf dem vorgeheizten Grill grillen oder das restliche Öl in einer Pfanne erhitzen und die Spieße darin von allen Seiten etwa 8 bis 10 Min. bei mittlerer Hitze garen.

Tipp

Die Spieße sind ein ideales Gemüse für den Grill, den Kindergeburtstag oder wenn Sie Gäste erwarten.

Nährwerte pro Portion:

125 kcal, 4 g E, 10 g F, 5 g KH, 5 g Ba, 0 BE, 0 KE, 0 mg Chol.

Grillchampignons

2 Portionen · BE/KE-frei

500 g	Champignons, mittelgroß		Pfeffer, frisch gemahlen
	Zitronensaft	1	Packung italienische Kräuter (tiefgekühlt)
	Knoblauch-Jodsalz	2 EL	Olivenöl

- Den Backofen auf der Grillstufe (Gas Stufe 3 bis 4, Umluftgrill) vorheizen. Die Champignons mit einem feuchten Tuch abreiben und den Stiel entfernen. Champignonköpfe in eine Schüssel legen und mit wenig Zitronensaft beträufeln. Anschließend mit Knoblauch-Jodsalz, Pfeffer und den tiefgekühlten, italienischen Kräutern mischen.
- Das Öl zugeben und die Champignons in der Marinade etwa 1 Stunde ziehen lassen. Anschließend abgetropft im Ofen auf der obersten Schiene etwa 5 bis 8 Min. grillen.

Tipp

Die Grillchampignons sind ein perfektes Gemüse zum Grillen. Sie lassen sich sehr gut vorbereiten und können sowohl auf dem Holzkohlen-, Gas- oder Elektrogrill, aber auch im Backofen schnell zubereitet werden.

Nährwerte pro Portion:

125 kcal, 7 g E, 10 g F, 2 g KH, 5 g Ba, 0 BE, 0 KE, 0 mg Chol.

Auberginen mit Pfefferminzbutter

2 Portionen · BE/KE-frei

2	kleine Auberginen	1	Beutel Pfefferminztee
	Zitronensaft		Paprika
	Kräuter-Jodsalz		Pfeffer, frisch gemahlen
1	Zwiebel		
2 EL	Butter		

- Die Auberginen putzen, abspülen und in dicke Scheiben schneiden. Auf einen großen Teller legen, mit Zitronensaft beträufeln und mit wenig Kräuter-Jodsalz bestreuen. Etwa 20 Min. ziehen lassen.

- Die Zwiebel abziehen und ganz fein würfeln. Die Butter in eine kleine Schale geben. Den Pfefferminzbeutel aufschneiden und die Hälfte des Inhalts zur Butter geben. Dann die Zwiebelwürfel und Gewürze unter die Pfefferminzbutter kneten.

- Die Auberginenscheiben 5 Min. in der Mikrowelle vorgaren, anschließend mit der Pfefferminzbutter bestreichen und auf dem Holzkohlen- oder Elektrogrill von beiden Seiten grillen.

Tipp

Sie können die Auberginenscheiben 5 Min. in der Mikrowelle vorgaren, anschließend mit der Pfefferminzbutter bestreichen und auf dem Holzkohlen- oder Elektrogrill zubereiten.

Nährwerte pro Portion:

130 kcal, 4 g E, 9 g F, 8 g KH, 8 g Ba, 0 BE, 0 KE, 25 mg Chol. -3Z

SO WIRD'S GEMACHT

Auberginen: gegrillt besonders gut

Auberginen gehören zur Familie der Fruchtgemüse. Ihr Ursprung ist Indien und Asien. Sie haben eine dunkelviolette Schale, eine längliche Birnenform und können unterschiedlich groß sein. Zu Ratatouille, orientalischen Aufläufen wie Moussaka oder überbacken werden sie in Frankreich, Griechenland und der Türkei gern gegessen. Auberginen sind nur in gegartem Zustand genießbar, da sie roh Bitterstoffe enthalten. Bevor Sie die Früchte verarbeiten, werden sie geputzt, gewaschen, in Stücke geschnitten, mit Zitronensaft beträufelt und sparsam gesalzen. Auberginen sind sehr kaliumreich, BE/KE-frei und fast kalorienfrei.

MEHR WISSEN

Zwiebeln: scharf und gesund

Die Küchenzwiebel ist eines der ältesten Gemüse, die es auf der Welt gibt. Zwiebeln gehören zur Gruppe der Sprossen- und Lauchgemüse. Besonders mild und etwas süßlich im Geschmack sind Gemüsezwiebeln und rote Zwiebeln bzw. Schalotten. Frischer und etwas schärfer schmecken Lauchzwiebeln und die klassischen, kleinen Küchenzwiebeln. Zwiebeln haben das ganze Jahr Saison und sind in zahlreichen Rezepten ein wichtiger Bestandteil. Übrigens: Der Stoff, der Sie beim Zwiebel schälen zum Weinen bringt, ist ein sekundärer Pflanzenstoff, der dem Herz-Kreislauf-System und unseren Blutfetten gut tut. Eine mittelgroße Zwiebel liefert etwa 15 Kalorien, 0,7 g Eiweiß, kein Fett und etwa 3 g Kohlenhydrate, die auch in größerer Menge nicht als BE/KE berechnet werden müssen. In Rezepten, in denen Zwiebeln ein großer Bestandteil sind, ist der Kohlenhydratgehalt entsprechend höher, jedoch sind die Zwiebelkohlenhydrate nicht blutzuckerwirksam.

Krautgemüse süß-sauer

2 Portionen · preisgünstig

1	kleiner Kopf Weißkohl
2	Zwiebeln
1 EL	Rapsöl
1 EL	Zucker (10 g)
1 EL	gekörnte Gemüsebrühe
	Salz
	Pfeffer, frisch gemahlen
1 EL	Weißweinessig

- Den Weißkohl vierteln und den dicken Strunk herausschneiden. Den Kohl in mitteldicke Streifen schneiden und gründlich abspülen. Die Zwiebeln abziehen und in Würfel schneiden. Das Öl in einem Topf erhitzen und den Zucker darin leicht bräunen. Die Zwiebelwürfel dazugeben und kurz dünsten.

- Den geschnittenen Kohl hinzufügen. 250 ml Wasser mit der Gemüsebrühe mischen und in den Topf gießen. Mit wenig Salz und Pfeffer würzen. Bei kleiner Hitze etwa 1 Stunde garen. Zum Schluss mit dem Essig abschmecken.

Passt gut zu: Kartoffelpüree mit Schuss und Gulasch.

Nährwerte pro Portion:

180 kcal, 6 g E, 6 g F, 25 g KH, davon 5 g Zucker, 13 g Ba, 0,5 BE, 0,5 KE, 0 mg Chol.

Weihnachtlicher Rotkohl

2 Portionen · braucht etwas mehr Zeit

½	kleiner Kopf Rotkohl
1	mittelgroßer Apfel (ca. 150 g)
	Salz
	Pfeffer, frisch gemahlen
	Rotweinessig
2	Zwiebeln
1 EL	Maiskeimöl
1 EL	gekörnte Gemüsebrühe
1	Lorbeerblatt
	etwas flüssiger Süßstoff nach Geschmack
½	Päckchen Lebkuchengewürz

- Den Rotkohl putzen, dazu die äußeren Blätter und den Strunk vom Kohlkopf entfernen. Den Kohl mit einem scharfen Messer oder auf einem Krauthobel in feine Streifen schneiden. Den Apfel schälen, vom Kerngehäuse befreien und fein würfeln.

- Den geschnittenen Kohl in einer Schüssel mit Salz bestreuen und den Rotweinessig zugießen. Gut mischen und etwa 2 Stunden zugedeckt stehen lassen. Die Zwiebeln abziehen und fein würfeln. Das Öl in einem großen Topf erhitzen und die Apfelstücke und Zwiebelwürfel darin glasig dünsten.

- Den Rotkohl zugeben und mit 200 ml Wasser aufgießen. Die gekörnte Gemüsebrühe, das Lorbeerblatt, Süßstoff und Lebkuchengewürz zugeben. Den Rotkohl eine halbe Stunde mit geschlossenem Deckel schmoren. Dann das Lorbeerblatt herausnehmen und vor dem Servieren noch einmal abschmecken.

Beilage: Putenbraten und Klöße – am besten in der Adventszeit.

Nährwerte pro Portion:

125 kcal, 4 g E, 6 g F, 18 g KH, 7 g Ba, 0,7 BE, 0,8 KE, 0 mg Chol.

Kohl – leichter Genuss

Chinakohl für Menschen mit empfindlichem Magen

Obwohl Chinakohl zur Familie der Kohlgemüse gehört, ist er sehr mild und besonders gut verträglich. Er verursacht keine Magen-Darm-Beschwerden, wie es bei Weiß- oder Rotkohl häufig der Fall sein kann. Wenn Sie einen empfindlichen Magen haben, können Sie die Zwiebeln bei diesem Rezept einfach weglassen.

Wirsing: von zart bis deftig

Ein vielseitiger Vertreter der Kohlfamilie ist der Wirsing, auch Welsch-, Savoyer- oder Börschkohl genannt. Frühlings- und Herbstwirsing ist besonders zart und ideal als kurzgebratenes Gemüse oder als Salat geeignet. Der Wirsing in den Wintermonaten ist robuster von seiner Struktur und sehr lecker als deftiges Gemüse oder im Eintopf. Aber auch als Bestandteil von Kohlrouladen – vegetarisch oder mit Hackfleisch – wird er gern verwendet. Wirsing ist besonders reich an Vitamin C, Kalium, Magnesium, sekundären Pflanzenstoffen und Ballaststoffen.

Keine Blähungen beim Genuss von Kohlgemüse

Viele Menschen plagen sich nach dem Genuss von Kohlgemüse wie Weiß- oder Rotkohl mit Blähungen. Dagegen gibt es ein einfaches Hausmittel: Geben Sie 1 bis 2 Teelöffel Kümmelkörner ins Gemüse. Wenn Sie keinen Kümmel mögen, füllen Sie ein Leinensäckchen oder einen Kaffeefilter mit Kümmelkörnern und legen ihn zum Kochen ins Gemüse. Nach dem Kochvorgang entfernen Sie das Säckchen, und die ätherischen Öle des Kümmels bleiben im Gemüse enthalten. Eine Alternative zum Kümmel bietet auch Fencheltee und hier als besonders gute Mischung Kümmel-Anis-Fenchel-Tee. Regelmäßig über den Tag verteilt getrunken, wirkt das Wunder.

Wirsinggemüse mit Thymian und Aprikosen

Deftiger Wirsing, feiner Thymian und die Süße der Aprikosen machen das Gericht zu einem ganz ungewöhnlichen Kohlgemüse.

2 Portionen · preisgünstig

1	kleiner Wirsingkopf
2	Zwiebeln
1 EL	Maiskeimöl
	Salz
	Pfeffer, frisch gemahlen
2	Thymianzweige
4	Trockenaprikosen (ca. 50 g)

Tipp

Anstelle von Wirsing können Sie auch Chinakohl, Kohlrabi oder fein geschnittenen Weißkohl verwenden.

- Den Wirsing putzen, in grobe Stücke schneiden und abspülen. Die Zwiebeln abziehen und in mittelgroße Würfel schneiden. Das Öl erhitzen und die Zwiebeln mit dem geschnittenen Wirsing darin anschwitzen. Etwas Wasser zugießen, mit Salz und Pfeffer würzen und die Thymianzweige dazugeben.

- Den Wirsing mit geschlossenem Deckel etwa 15 Min. bei mittlerer Hitze garen. In der Zwischenzeit die Aprikosen würfeln und zum Gemüse geben. Weitere 10 bis 15 Min. garen. Noch einmal mit den Gewürzen abschmecken und servieren.

Passt gut zu: gebratener Putenbrust und Kartoffelpüree.

Nährwerte pro Portion:

145 kcal, 7 g E, 6 g F, 20 g KH, 9 g Ba, 1 BE, 1 KE, 0 mg Chol.

SO WIRD'S GEMACHT

Blanchierter Wirsing als zarter Salat

Frischer Früh- oder Herbstwirsing eignet sich auch gut als Salatgemüse. Dazu wird der geputzte, abgespülte und in Streifen geschnittene Wirsing kurz blanchiert und mit Essig, Gewürzen und Öl zu einem Salat verarbeitet. Durch das Blanchieren bleibt das Gemüse knackig und behält seine Farbe. Beim Blanchieren wird das Gemüse kurz in kochendes Wasser gelegt und anschließend in Eiswasser getaucht. Auch vor dem Tiefkühlen wird Obst und Gemüse blanchiert, um so die Aktivität von Enzymen sowie die Sauerstoffzufuhr zu unterbinden. Dadurch bleiben Qualität, Nährwert, Aussehen und das Aroma des Lebensmittels weitgehend erhalten.

Natalies Zwiebelgemüse

2 Portionen · preisgünstig

3	dicke Gemüsezwiebeln	100 ml	Weißwein, trocken
1	kleiner Apfel (100 g)		Salz
1 EL	Weißweinessig		Pfeffer, frisch gemahlen
1 EL	Butter		

- Die Zwiebeln abziehen und vierteln. Den Apfel schälen, vierteln, vom Kerngehäuse befreien und mit dem Essig in einer Schale mischen. Die Apfelviertel in kleine Stücke schneiden. Die Butter in einem Topf erhitzen und die Zwiebelstücke darin anbraten.
- Etwas Wasser und 100 ml trockenen Weißwein angießen und die Zwiebeln etwa 10 Min. mit halb geöffnetem Deckel garen. Nach dieser Zeit die Apfelstücke zugeben. Weitere 5 Min. köcheln lassen und mit Salz und Pfeffer abschmecken.

Passt gut zu: Fischgerichten und Salzkartoffeln.

Nährwerte pro Portion:

180 kcal, 4 g E, 5 g F, 5 g Alk, 21 g KH, 6 g Ba, 0,5 BE, 0,5 KE, 10 mg Chol.

Radicchio Française

2 Portionen · braucht etwas mehr Zeit

2	kleine Radicchioköpfe		frischer Koriander
1	kleine ungespritzte Orange (150 g)		Salz
2	Schalotten		Pfeffer, frisch gemahlen
		1 TL	Rapsöl

- Den Backofen auf 180 Grad (Gas Stufe 2 bis 3, Umluft 160 Grad) vorheizen. Den Radicchio putzen und die Köpfe vierteln. Die Orange heiß abspülen und halbieren. Die eine Hälfte in hauchdünne Scheiben schneiden und die andere Hälfte auspressen. Die Schalotten abziehen und in dünne Ringe schneiden.
- Den Koriander abspülen, trocken schütteln und die Blättchen von den Stielen zupfen. Den Radicchio in eine Auflaufform setzen und die Orangen- und Schalottenscheiben auf den Boden der Form legen. Etwas Wasser mit Salz und Pfeffer verrühren und die Radicchioköpfe damit aufgießen, so dass sie zur Hälfte bedeckt sind.
- Das Ganze etwa 15 bis 20 Min. im Ofen auf mittlerer Schiene garen. Anschließend aus dem Ofen nehmen und gut abtropfen lassen. Den Radicchio mit den Schalotten- und Orangenscheiben garnieren. Das Öl und den Orangensaft mischen und über das Gemüse träufeln. Mit den Korianderblättchen bestreut servieren.

Passt gut zu: Spaghetti mit Meeresfrüchten in Knoblauchöl.

Nährwerte pro Portion:

95 kcal, 2 g E, 5 g F, 10 g KH, 3 g Ba, 0,5 BE, 0,5 KE, 0 mg Chol.

MEHR WISSEN

Kleine Warenkunde: Radicchio

Radicchio ist auch als roter Chicorée oder rote Endivie bekannt. Das Salatgemüse stammt aus dem Mittelmeerraum um Italien und Frankreich. Radicchio hat kräftig violette Blätter und einen angenehm herb-bitteren Geschmack. Als Salatgemüse schmeckt er sehr gut in Verbindung mit Senf. Wird er gekocht, schwächt die bittere Note leicht ab. Achten Sie beim Kauf auf feste Köpfe mit kräftiger Farbe und knackigen Blättern ohne braune Stellen. Der rote Chicorée ist sehr kalorienarm, dafür reich an Kalium und Phosphor. Gedünsteter Radicchio wird in der französischen Küche häufig als feines Gemüse angeboten.

Ratatouille

2 Portionen · BE/KE-frei

1	Zwiebel
2	Knoblauchzehen
1	gelbe Paprikaschote
1	kleine Zucchini
1	kleine Aubergine
	Zitronensaft
2 EL	Olivenöl
1	kleine Dose Tomatenstücke (400 g)
	Pfeffer, frisch gemahlen
	Knoblauch-Jodsalz
1 Msp.	Rosmarinnadeln, getrocknet
1 Msp.	Kräuter der Provence, getrocknet
	Salz

- Zwiebel und Knoblauchzehen abziehen. Die Zwiebel fein würfeln und den Knoblauch fein hacken oder zerdrücken. Die Paprikaschote, Zucchini und Aubergine putzen und abspülen. Die Paprika in große Quadrate schneiden, die Zucchini in mitteldicke Scheiben, die Aubergine in Streifen und dann in Würfel.

- Die Auberginenwürfel in eine Schale geben und mit Zitronensaft und wenig Salz mischen und ziehen lassen. Das Olivenöl in einer Pfanne erhitzen. Zuerst Zwiebeln und Knoblauch darin anbraten. Jetzt das restliche Gemüse in die Pfanne geben und mit den Tomaten und etwas Wasser (das Gemüse sollte damit knapp bedeckt sein) füllen.

- Alles etwa 15 Min. bei mittlerer Hitze und geschlossenem Deckel garen. Würzen und weitere 10 bis 15 Min. garen, bis die Masse sämig, aber nicht matschig ist.

Passt gut zu: kurzgebratenem Fleisch und frischem Fladenbrot.

Nährwerte pro Portion:

160 kcal, 5 g E, 10 g F, 12 g KH, 9 g Ba, 0 BE, 0 KE, 0 mg Chol.

Gefüllte Weizenkohlrabi

Kernig – aber nicht hart, würzig – aber nicht zu scharf, lecker – und trotzdem keine trockene Körnerkost. Wollen Sie noch mehr wissen? Dann sollten Sie das Rezept unbedingt probieren.

2 Portionen · gelingt leicht

2	Kohlrabi
2	Zwiebeln
1	Knoblauchzehe
100 g	Ebly-Weizenkörner (aus dem Supermarkt)
	Salz
1 EL	Rapsöl
	Pfeffer, frisch gemahlen
	Paprikapulver
1 EL	geriebener Parmesankäse
1	Kästchen Kresse

Nährwerte pro Portion:

235 kcal, 8 g E, 4 g F, 41 g KH, 5 g Ba, 2,5 BE, 3,3 KE, 1 mg Chol.

Beilage: Tomaten-Zucchini-Gemüse

Tipp

Anstelle von Eblyweizen können Sie auch Parboiled Reis im gleichen Mengen- und Mischungsverhältnis verwenden.

- Die Kohlrabi schälen, hölzerne Teile entfernen und mit einem Kugelausstecher oder einem Küchenmesser vorsichtig aushöhlen. Die Zwiebeln und den Knoblauch abziehen und fein würfeln. Den Weizen in 200 ml Salzwasser etwa 10 bis 15 Min. garen.

- In einem zweiten Topf Salzwasser zum Kochen bringen und die ausgehöhlten Kohlrabi samt den Kohlrabistücken etwa 5 bis 8 Min. darin köcheln. Anschließend abtropfen lassen und die Kohlrabi warm stellen. Das Kohlrabiinnere hacken.

- Das Öl in einer Pfanne erhitzen, Zwiebeln und Knoblauch darin anbraten. Den gekochten Weizen in die Pfanne geben. Mit Salz, Pfeffer und Paprikapulver abschmecken. Falls die Masse zu dick wird, etwas Wasser dazugeben. Die gehackten Kohlrabistücke hinzufügen und den Parmesankäse untermischen und noch einmal abschmecken.

- Zum Schluss das Weizengemisch in die beiden Kohlrabi füllen. Den restlichen Weizen auf dem Teller neben den Kohlrabi anrichten. Die Hälfte der Kresse mit einer Schere abschneiden, grob hacken und vor dem Servieren über die Kohlrabi streuen.

MEHR WISSEN

Kleine Warenkunde: Ebly

Ebly ist eine Weizenart, die Sie in der Küche ähnlich wie Reis verarbeiten können. Durch ein spezielles Verfahren bleibt Ebly nach dem Kochen bissfest, aber nicht hart. Das macht ihn in Biss und Geschmack sehr angenehm. Gekocht wird Ebly wie Reis: 2 Teile Wasser und 1 Teil Ebly, gewürzt mit Salz oder gekörnter Gemüsebrühe. Der Zartweizen ist universell einsetzbar, z. B. als Kohlenhydratbeilage, vegetarische Komponente und sogar als Grundlage für Süßspeisen. Für die Kohlenhydratberechnung gilt: 1 BE entspricht ca. 20 g Ebly, roh, und für 1 KE berechnen Sie etwa 15 g. Ebly ist ballaststoff- und phosphorreich.

Grünkern-Gemüse-Pfanne mit Minzjoghurt

Wollen Sie es unkompliziert, schnell, ohne Fleisch und trotzdem lecker? Dann sollten Sie sich das Rezept genauer ansehen. Es schmeckt richtig gut!

2 Portionen · gelingt leicht

100 g	Grünkern, ganz
1 EL	gekörnte Gemüsebrühe
2	Zwiebeln
1	Knoblauchzehe
1	gelbe Paprikaschote
1 EL	Rapsöl
	Kräuter-Jodsalz
	Pfeffer, frisch gemahlen
	Paprikapulver
50 g	Tiefkühlerbsen
250 ml	Joghurt
	Zitronensaft
1	Beutel Pfefferminztee
10	Kirschtomaten
½	Bund Petersilie

Nährwerte pro Portion:

345 kcal, 13 g E, 12 g F, 46 g KH, 10 g Ba, 3,2 BE, 4,2 KE, 20 mg Chol.

Tipp

Pfefferminztee eignet sich prima als Trockengewürz für Gemüsepfannen, Hähnchenpfannen und für die Zubereitung kalter Joghurtsauce. Probieren Sie es aus: Schneiden Sie einen Teebeutel auf und geben etwas von der trockenen Minze – ähnlich wie getrocknete Kräuter – in den Joghurt. Lecker!

- Den Grünkern 10 bis 12 Stunden in Wasser einweichen (am besten über Nacht). Anschließend in 250 ml Wasser und der gekörnten Gemüsebrühe etwa 1 Stunde köcheln lassen. Die Zwiebeln und den Knoblauch abziehen. Zwiebeln fein würfeln, den Knoblauch fein hacken oder zerdrücken.

- Die Paprikaschote putzen, abspülen und in kurze Streifen schneiden. Das Rapsöl in einer Pfanne erhitzen, zuerst Zwiebeln und Knoblauch anbraten, dann die Paprikaschote zugeben. Mit den Gewürzen abschmecken und die Tiefkühlerbsen hinzufügen.

- Joghurt glatt rühren, mit etwas Kräuter-Jodsalz, Pfeffer und Zitronensaft und dem Inhalt von einem ¼ bis ½ Teebeutel Pfefferminztee (je nach Geschmack) würzen. Die Kirschtomaten abspülen und in die Gemüsepfanne geben. Noch einmal etwa 5 Min. auf mittlerer Flamme garen und, falls nötig, abschmecken.

- Die Petersilie abspülen, trocken schütteln und hacken. Den Grünkern zusammen mit dem Gemüse anrichten und den Minzjoghurt um die Grünkern-Gemüse-Pfanne verteilen. Mit der Petersilie bestreut servieren.

MEHR WISSEN

Grünkern – grüner Dinkel mit besonderem Geschmack

Grünkern ist unreif „grün“ geernteter Dinkel und gehört zur Weizen-Familie. Direkt nach dem Dreschen kommt Grünkern auf Darren und wird bei 120 bis 130 Grad so lange gedörrt, bis er sehr trocken ist. Durch dieses Verfahren bekommt Grünkern seinen einzigartigen Geschmack. Grünkern ist ballaststoffreich (1 BE = 20 g roh und 1 KE = 15 g roh) liefert Kalzium, Phosphor, Eisen, Niacin, Magnesium und Vitamin B_6. Das Getreide eignet sich für die komplette Bandbreite pikanter Gerichte, wie Klößchen, Bratlinge oder Brotgetreide. Erhältlich ist Grünkern in Bioläden, Reformhäusern, Supermärkten und auch in zahlreichen Drogeriemärkten.

Pikantes Sojaragout

2 Portionen · geht schnell

1–2 TL	gekörnte Gemüsebrühe
50 g	Sojaschnetzel, grob
100 ml	fettreduzierte Sahne (z. B. „Rama Cremefine“)
1	kleines Glas Champignons in Scheiben
	Salz
	Pfeffer, frisch gemahlen
	Muskatnuss, frisch gerieben
1	Tropfen Zuckercouleur

- 150-200 ml Wasser in einem Topf zum Kochen bringen und die gekörnte Gemüsebrühe darin auflösen. Die Sojaschnetzel in das Wasser geben und auf mittlerer Flamme etwa 25 Min. quellen lassen.

- Die Sahne und die Champignons mit 50 ml Champignonwasser in das gequollene Sojafleisch geben. Mit den Gewürzen abschmecken und zum Schluss einen Tropfen Zuckercouleur in das Ragout geben.

Nährwerte pro Portion:

160 kcal, 20 g E, 10 g F, 7 g KH, 6 g Ba, 0,5 BE, 0,5 KE, 20 mg Chol.

Sojabratlinge

2 Portionen · gelingt leicht

1	Karotte
1	Zwiebel
1	Knoblauchzehe
250 g	Tofu
1	Ei
2 EL	Haferflocken (20 g)
	etwas Sojasauce
	Kräuter-Jodsalz
	Pfeffer, frisch gemahlen
	Curry
½	Packung gemischte Kräuter (tiefgekühlt)
1 EL	Sonnenblumenöl

- Die Karotte schälen und auf einer Reibe zur Hälfte grob und zur anderen Hälfte fein reiben. Zwiebel und Knoblauchzehe abziehen. Die Zwiebel fein würfeln, den Knoblauch fein hacken oder zerdrücken. Den Tofu gut auspressen und mit einem Passierstab pürieren.

- Das Ei und die Haferflocken mit dem Tofu mischen und die Zwiebelwürfel, den Knoblauch und die geriebene Karotte unter die Masse kneten. Mit der Sojasauce und den Gewürzen abschmecken und die Kräuter zugeben. Aus dem Teig gleich große Küchlein formen und im heißen Öl von beiden Seiten braten.

Nährwerte pro Portion:

335 kcal, 26 g E, 20 g F, 13 g KH, 5 g Ba, 0,5 BE, 0,5 KE, 120 mg Chol.

Tofutopf

2 Portionen · braucht etwas mehr Zeit

250 g	Tofu
	Sojasauce
4	Zwiebeln
2	Karotten
300 g	Kartoffeln
1 EL	gekörnte Gemüsebrühe
200 g	grüne Bohnen (tiefgekühlt)
100 g	Erbsen (tiefgekühlt)
	Pfeffer, frisch gemahlen
	etwas Rosmarin, getrocknet
	etwas Thymian, getrocknet
2 EL	Schmand

- Den Tofu in mittelgroße Würfel schneiden und mindestens 3 Stunden in der Sojasauce marinieren. Die Zwiebeln abziehen und vierteln. Die Karotten schälen und in dünne Scheiben schneiden. Die Kartoffeln schälen, abspülen und in mittelgroße Würfel schneiden.

- Das geputzte Gemüse und die Kartoffeln zusammen in einen Topf geben und mit Wasser auffüllen, so dass alles gut mit Wasser bedeckt ist. Die gekörnte Gemüsebrühe hinzufügen. Die Tiefkühlbohnen zugeben und 15 Min. kochen lassen. Anschließend die Erbsen zugeben und weitere 8 Min. kochen.

- Den marinierten Tofuwürfel hinzufügen und kurz weiter köcheln. Mit etwas Pfeffer und den getrockneten Kräutern abschmecken und vor dem Servieren mit einem Esslöffel glatt gerührtem Schmand garnieren.

Nährwerte pro Portion:

440 kcal, 32 g E, 14 g F, 46 g KH, 18 g Ba, 2,3 BE, 3 KE, 10 mg Chol.

MEHR WISSEN

Was ist Tofu?

Das Rezept von Tofu existiert seit mehr als 2000 Jahren. Er wird in China und Japan als hochwertiger Eiweißlieferant sehr geschätzt. Tofu – auch Sojaquark genannt – wird aus Sojabohnen gewonnen. Dazu werden die gequollenen Bohnen zerquetscht, um mit Wasser gekocht und anschließend gefiltert zu werden. Dabei entsteht Sojamilch, die mit dem Zusatz von Bittersalzen (Kalzium- oder Magnesiumsulfat) gerinnt. Die geronnenen Sojaflocken werden dann in die typisch rechteckige Tofuform gepresst und je nach Sorte mit Gewürzen verfeinert. Tofu ist sehr kalorienarm und liefert keine BE/KE. Da Tofu jedoch sehr geschmacksneutral ist, muss er kräftig gewürzt oder mariniert werden. Tofu gibt es auch geräuchert und schon fertig gewürzt.

Kleine Warenkunde: Sojaschnetzel

Sojaschnetzel sind ein extrudiertes Sojaprodukt, auch Sojafleisch genannt. Dazu werden Sojabohnen gemahlen und mechanisch in mehreren Pressgängen bis knapp unter 5 Prozent Restfettgehalt ausgepresst. Das entfettete Sojamehl wird dann in einem Extruder (einem sehr großen Fleischwolf) zu seiner fleischähnlichen Form verarbeitet. Dieser Vorgang ist ähnlich der Herstellung von Cornflakes. Sojaschnetzel sind sehr fettarm und liefern biologisch hochwertiges Eiweiß. Etwa 40 g Trockenprodukt entsprechen 1 BE und etwa 35 g 1 KE. Das Trockenprodukt wird im Verhältnis 3:1 (Wasser zu Sojaschnetzel) gekocht. Beim Kochen verdreifachen Sojaschnetzel ihr Gewicht.

Spaghetti mit getrockneten Tomaten und Mandeln

Lauer Sommerabend, die Grillen zirpen und auf dem Pastateller lachen Sie Nudeln mit getrockneten Tomaten an. Vielleicht gehört es auch bald zu Ihren Lieblingsgerichten, meins ist es schon.

- Die Spaghetti in Salzwasser al dente kochen. Die getrockneten Tomaten in feine Streifen schneiden und etwa 10 Min. in kaltes Wasser legen. Die Mandeln in einer Pfanne ohne Öl goldgelb rösten und beiseite stellen. Das Olivenöl in der Pfanne erhitzen.

- Den Knoblauch abziehen, hacken oder direkt in das Olivenöl zerdrücken. Die getrockneten Tomaten abtropfen und in die Pfanne geben. Mit wenig Tomaten-Jodsalz und Pfeffer abschmecken. Zum Schluss die Mandelblättchen untermischen.

- Die fertig gekochten Spaghetti abtropfen und auf zwei Pastateller verteilen. Die Tomaten-Mandel-Sauce darüberträufeln. Den Parmesankäse hobeln, über Spaghetti und Sauce verteilen und mit frischen Basilikumblättchen garniert servieren.

Vorspeise: ein großer gemischter Salatteller.

2 Portionen · geht schnell

200 g	Spaghetti
	Salz
6	getrocknete Tomaten (ohne Öl)
1 EL	Mandelblätter
2 EL	Olivenöl
2	Knoblauchzehen
	Tomaten-Jodsalz
	schwarzer Pfeffer, frisch gemahlen
20 g	Parmesankäse, am Stück
	frisches Basilikum

Nährwerte pro Portion:

520 kcal, 17 g E, 19 g F, 70 g KH, 3 g Ba, 5 BE, 6,5 KE, 100 mg Chol.

SO WIRD'S GEMACHT

Nudeln kochen – gewusst, wie

Damit Nudeln nicht matschig weich, sondern einen angenehmen Biss behalten, gehen Sie wie folgt vor: Reichlich Wasser in einem großen Topf zum Kochen bringen. Das Salz und die Nudeln ins Wasser geben und direkt umrühren. Die Nudeln „al dente" (bissfest) kochen. Die Kochzeit liegt je nach Nudelsorte zwischen 8 und 12 Min. 1 Minute vor Ende der Garzeit (Packungsanweisung beachten) testen Sie, ob die Nudeln Biss haben. Die gekochten Nudeln mit dem Wasser in ein Sieb gießen und abtropfen lassen. Achtung: Die Nudeln nicht abschrecken, sondern sofort mit der Sauce mischen oder auf Teller portionieren. Wenn Sie Nudeln direkt nach dem Kochen mit der Sauce mischen oder portionieren, verkleben sie auch ohne Öl nicht. Das spart Kalorien aus Fett. Je nach Nudelmenge brauchen Sie unterschiedliche Mengen Kochwasser: 100 g rohe Nudeln brauchen 1 l Wasser plus 1 l für den Topf.

Fischlasagne

Wer denkt, dass Nudeln und Fisch nicht zueinander passen, sollte einmal das köstliche Rezept probieren. Wetten, dass Sie auf den Geschmack kommen?

6 Portionen · gelingt leicht

800 g	Kabeljaufilet (tiefgekühlt)
1½	Packungen gemischte Kräuter (tiefgekühlt)
2 EL	Zitronensaft
	Kräuter-Jodsalz
	schwarzer Pfeffer, frisch gemahlen
6	Zwiebeln
6	Knoblauchzehen
2 EL	Olivenöl (20 g)
1	große Dose Tomaten (800 g)
	Tomaten-Jodsalz
	etwas flüssiger Süßstoff nach Geschmack
750 ml	fettarme Milch
1	Prise Muskatnuss, frisch gerieben
3 EL	Weizenmehl (30 g)
15	Lasagneblätter (300 g)
400 g	Krabben, verzehrfertig
100 g	Parmesankäse

- Den Backofen auf 180 Grad (Gas Stufe 2 bis 3, Umluft 160 Grad) vorheizen. Den Kabeljau antauen, in mittelgroße Würfel schneiden und zusammen mit den Kräutern in eine Schüssel geben. Mit Zitronensaft beträufeln und mit ein wenig Kräuter-Jodsalz und etwas Pfeffer würzen.

- Die Zwiebeln abziehen und in Ringe schneiden. Die Knoblauchzehen abziehen, fein hacken oder zerdrücken. Das Olivenöl in einer Pfanne erhitzen und darin Knoblauch und Zwiebeln glasig dünsten. Die Dosentomaten zugeben und alles etwa 5 Min. köcheln lassen. Anschließend die Tomaten mit einer Gabel zerdrücken und die Sauce mit Tomaten-Jodsalz, Pfeffer und etwas Süßstoff abschmecken.

- Die Milch zum Kochen bringen und mit Muskat und Kräuter-Jodsalz abschmecken. Das Mehl mit etwas Wasser glatt rühren, in die kochende Milch geben und noch einmal aufkochen lassen. Vom Herd nehmen.

- Etwas helle Sauce in eine Auflaufform gießen, bis der Boden bedeckt ist. Eine Schicht Lasagneblätter, eine Schicht Tomatensauce und darauf Krabben und Kabeljauwürfel verteilen. In dieser Reihenfolge fortfahren, dabei jede Schicht mit Pfeffer und etwas Salz würzen. Die oberste Lage mit der restlichen hellen Sauce übergießen und zuletzt den Parmesankäse über den Auflauf streuen. Auf der mittleren Schiene im Backofen etwa 45 Min. backen.

Variante: Sie können anstelle von Fisch auch Rinderhackfleisch, Hähnchen- oder Putenbrust verwenden. Eine Fischalternative zum Kabeljau ist auch in Scheiben geschnittener Räucherlachs, der im Wechsel mit heller Sauce, gehacktem und gewürztem Tiefkühlspinat und den Nudeln in der Form geschichtet wird.

Nährwerte pro Portion:

570 kcal, 53 g E, 16 g F, 54 g KH, 5 g Ba, 3,5 BE, 4,5 KE, 170 mg Chol.

Lasagne vegetale

Ganz ohne Fleisch kommt die fruchtig-leckere Lasagne aus. Und das merkt kaum einer, denn sie ist so vielseitig, dass es gar nicht fehlt.

2 Portionen · braucht etwas mehr Zeit

2	Karotten
1	Stange Lauch
1	gelbe Paprikaschote
1	kleines Glas Champignons in Scheiben
1	Knoblauchzehe
1 TL	Olivenöl
	Salz
	Pfeffer, frisch gemahlen
1	kleine Dose Tomatenstücke (400 g)
1 TL	Margarine
2 EL	Weizenmehl (20 g)
300 ml	fettarme Milch
	Muskatnuss, frisch gemahlen
4	weiße Lasagneblätter (80 g)
4	grüne Lasagneblätter (80 g)
2 EL	fettreduzierter Reibkäse

Nährwerte pro Portion:

550 kcal, 29 g E, 10 g F, 86 g KH, 17 g Ba, 5 BE, 8 KE, 10 mg Chol.

- Den Backofen auf 180 Grad (Gas Stufe 2 bis 3, Umluft 160 Grad) vorheizen. Die Karotten schälen und fein würfeln. Den Lauch längs halbieren, gründlich abspülen und in feine Ringe schneiden. Die Paprikaschote putzen, abspülen und in feine, kurze Streifen schneiden.

- Die Champignonscheiben abtropfen lassen. Die Knoblauchzehe abziehen und fein hacken oder zerdrücken. Das Öl in einer Pfanne erhitzen und den Knoblauch kurz anbraten. Dann Karotten, Lauch und Paprika zugeben. Mit Salz und Pfeffer abschmecken und 15 Min. garen. Die Tomaten zugeben und die Gemüsemasse noch einmal abschmecken.

- In einem Topf die Margarine schmelzen, das Mehl hinzufügen und daraus eine goldgelbe Mehlschwitze anrühren. Schluckweise die Milch in den Topf gießen und bei schwacher Hitze 5 Min. köcheln lassen, bis die Béchamelsauce angedickt ist. Mit wenig Salz und Muskat abschmecken.

- Den Boden dieser Auflaufform erst mit der Béchamelsauce dünn bedecken, dann jeweils ein weißes und grünes Lasagneblatt nebeneinander auf die Sauce legen. Ein bisschen von der Gemüsesauce darauf verteilen. Weiter in dieser Reihenfolge fortfahren. Mit einer Schicht Béchamelsauce abschließen und diese mit dem geriebenen Käse bestreuen. Die Lasagne auf der mittleren Schiene 40 bis 50 Min. goldbraun backen.

MEHR WISSEN

Nudeln sind keine Dickmacher

Nicht die Nudeln sind die Dickmacher, sondern die Sauce: Einfache Nudeln enthalten nur Spuren von Fett. Anders sieht es mit den Saucen aus: Käse-Sahne- oder Gorgonzolasauce und reich mit Käse gratinierte Nudelaufläufe schlagen in puncto Fettbilanz richtig zu Buche. 5 Esslöffel gekochte Nudeln (etwa 50 g) entsprechen 1 BE (45 g = 1 KE). Bei Tortellini oder Ravioli ist die Menge aufgrund der Füllung größer: hier entsprechen 65 g 1 BE und 60 g 1 KE. Italienische Teigwaren werden immer ohne Eier hergestellt und liefern daher kein Cholesterin.

Spaghetti Bolognese

Jetzt kommt Bella Italia auf den Tisch. Ob Oma, Schwester oder Enkel, bei Spaghetti Bolognese wird fast jeder schwach. Und dann auch noch mit der verflixt guten Sauce – lecker!

2 Portionen · preisgünstig

2	Knoblauchzehen
2	Zwiebeln
200 g	Rinderhackfleisch
1	kleine Dose Tomaten (400 g)
3 EL	Tomatenmark
200 g	Spaghetti
	flüssiger Süßstoff nach Geschmack
	Salz
	Pfeffer, frisch gemahlen
	Paprikapulver
	Oregano, getrocknet
	Basilikum, getrocknet

Nährwerte pro Portion:

615 kcal, 36 g E, 17 g F, 79 g KH, 8 g Ba, 5 BE, 6,5 KE, 150 mg Chol.

- Die Knoblauchzehen und Zwiebeln abziehen. Den Knoblauch fein hacken oder zerdrücken, die Zwiebeln in feine Würfel schneiden. Eine Pfanne ohne Fett erhitzen und das Hackfleisch darin scharf anbraten. Die Zwiebelwürfel und den Knoblauch zugeben. Kurz mitschmoren und mit den Tomaten aufgießen.

- Die Tomaten mit einer Gabel oder einem Kartoffelstampfer zerdrücken und eine halbe Tasse Wasser zugießen. Die Sauce einmal aufkochen und dann das Tomatenmark einrühren. Die Sauce 20 Min. auf kleiner Flamme köcheln lassen.

- In der Zwischenzeit die Nudeln in reichlich Salzwasser al dente kochen. Die Sauce mit Süßstoff, Salz, Pfeffer, Paprikapulver und mit den getrockneten Kräutern abschmecken. Die Spaghetti in tiefe Pastateller geben und die Bolognesesauce darübergießen.

Tipp

Besonders würzig schmeckt die Bolognese, wenn Sie 1 Esslöffel Parmesankäse darüberstreuen und dazu einen gemischten Salatteller genießen.

MEHR WISSEN

Tipps zur Hackfleischauswahl

Hackfleisch ist im Vergleich zu Schweineschnitzel, Rinderfilet, Kalbsbrust oder Huhn und Pute verhältnismäßig fettreich. Besonders das Schweinehackfleisch hat es mit etwa 30 Prozent Fett in sich. Aber auch in Hackfleisch „halb und halb“ finden sich noch 20 Prozent Fettkalorien. Empfehlenswert ist deshalb Rinderhackfleisch mit etwa 15 Prozent Fett oder am besten Tartar mit 6 Prozent Fett, der leider etwas teurer ist. Neuerdings bieten viele Supermärkte mit gut sortierter Geflügelabteilung auch Hackfleisch aus fettarmem Geflügelfleisch an. Es lässt sich für alle Gerichte, in denen herkömmliches Hackfleisch zum Einsatz kommt, verwenden und schlägt dabei mit maximal 10 Prozent Fett zu Buche.

Hackauflauf mit Penne

Haben Sie noch Nudelreste im Kühlschrank? Dann ist der Auflauf mit Hackfleisch ideal zur Resteverwertung.

- Die Nudeln in Salzwasser al dente kochen und abtropfen lassen. Den Backofen auf 200 Grad (Gas Stufe 3, Umluft 180 Grad) vorheizen. Die Zwiebeln abziehen und fein würfeln. Die Zucchini und die Paprikaschote putzen und abspülen. Die Zucchini in mitteldicke Scheiben und die Paprikaschote in feine Streifen schneiden.

- Eine Pfanne ohne Fett erhitzen und das Hackfleisch darin kurz anbraten. Anschließend die Zwiebelwürfel zugeben. 100 ml Wasser hinzugießen, so dass das Fleisch gut 5 cm bedeckt ist. Die gekörnte Fleischbrühe in der Flüssigkeit auflösen und das Tomatenmark mit einem Schneebesen einrühren.

- 10 Min. auf mittlerer Flamme köcheln lassen. Mit Pfeffer, Paprikapulver, Knoblauchgranulat und evtl. einem Spritzer Süßstoff abschmecken. Anschließend die Fleischmasse aus der Pfanne nehmen und beiseite stellen. Das Olivenöl in die Pfanne geben und die Zucchini und Paprikastreifen darin andünsten. Mit Knoblauch und etwas Pfeffer und Paprikapulver abschmecken.

- Die Nudeln mit der Hack- und Gemüsemasse im Wechsel in die Auflaufform schichten. Als letzte Schicht den geriebenen Parmesankäse darüberstreuen und für etwa 20 Min. auf der zweiten Schiene von oben überbacken.

Tipp

Sind Sie ein Nudel- und Auflauffan? Dann kochen Sie direkt eine größere Menge auf Vorrat. Einfach die Zutaten doppelt oder dreifach einplanen und anschließend entsprechend portionieren. Fest verschlossen hält sich der Auflauf im Kühlschrank drei bis vier Tage und in der Gefriertruhe bis zu einem halben Jahr.

€ 2 Portionen · preisgünstig

150 g	Penne (kurze, schmale Röhrennudeln)
	Salz
2	Zwiebeln
1	mittelgroße Zucchini
1	gelbe Paprikaschote
250 g	Rinderhackfleisch
1–2 TL	gekörnte Fleischbrühe
2 EL	Tomatenmark
	Pfeffer, frisch gemahlen
	Paprikapulver
	Knoblauchgranulat
	etwas flüssiger Süßstoff nach Geschmack
1 EL	Olivenöl
2 EL	geriebener Parmesankäse

Nährwerte pro Portion:

675 kcal, 41 g E, 29 g F, 62 g KH, 9 g Ba, 3,7 BE, 5 KE, 150 mg Chol.

Asiatischer Glasnudelsalat

Blitzschnell ein Stück asiatisches Flair nach Hause holen. Das geht mit dem Salat aus Glasnudeln mit würziger Marinade.

2 Portionen · geht schnell

80 g	Glasnudeln
1	rote Paprikaschote
1	gelbe Paprikaschote
1	Bund Lauchzwiebeln
	etwas frischer Koriander
	Sambal Oelek, Tabasco
1–2 EL	Himbeeressig
1–2 EL	Sojasauce
	Pfeffer, frisch gemahlen
1 Msp.	Ingwer, gemahlen
	etwas flüssiger Süßstoff nach Geschmack
	Asia-Jodsalz
1 EL	Sesamöl

- Die Glasnudeln mit heißem Wasser übergießen und 8 bis 10 Min. einweichen. Nudeln abgießen, mit einer Küchenschere kürzen und vollständig auskühlen lassen. Die Paprikaschoten putzen, abspülen und in kleine Würfel schneiden. Die Lauchzwiebeln putzen, abspülen und in feine Scheiben schneiden. Den frischen Koriander abspülen, trocken schütteln und hacken.

- Gemüse und Koriander unter die Glasnudeln mischen. Aus Sambal Oelek, Tabasco, Essig, Sojasauce, Pfeffer, Ingwer, Süßstoff und evtl. etwas Asia-Jodsalz eine Marinade rühren. Zum Schluss das Sesamöl unterschlagen. Die Marinade mit dem Salat mischen und ½ bis 1 Stunde ziehen lassen.

Tipp

Sie brauchen Glasnudeln nicht zu kochen, da sie stark aufquellen. Vor oder nach dem Quellen empfiehlt es sich, die Glasnudeln mit einer langen Küchenschere zu kürzen, damit sie für die Weiterverarbeitung nicht zu lang sind.

Nährwerte pro Portion:

210 kcal, 6 g E, 6 g F, 33 g KH, 9 g Ba, 2 BE, 2,5 KE, 0 mg Chol.

MEHR WISSEN

Kleine Warenkunde: Tabasco

Tabasco (indianisch für heißes, feuchtes Land) wurde 1865 zum ersten Mal zubereitet. Im modernen Herstellungsverfahren reift und gärt die Pfefferschoten-Salz-Paste drei Jahre in Eichenfässern. Mit Essig versetzt wird sie vier Wochen lang kontinuierlich gerührt. Vor dem Abfüllen in Flaschen werden Schalen und Samen entfernt. Neben der roten Tabascosauce gibt es auch eine etwas mildere, fruchtige Variante, die als grüne „Tabasco Jalapeno Sauce" in der Gewürzabteilung im Supermarkt erhältlich ist. Tabasco ist fast kalorienfrei und zudem BE/KE-anrechnungsfrei.

Chinesische Reispfanne

Reis mit Geschmack? Kein Problem, die Reispfanne schmeckt super zu allerhand asiatischen Gerichten.

- 160 ml Wasser aufkochen und mit etwas Asia-Jodsalz würzen. Den Reis in das kochende Wasser geben und auf kleiner Flamme etwa 20 Min. ausquellen lassen. Die Zwiebeln abziehen und würfeln. Die Backpflaumen entsteinen und in schmale Streifen schneiden.

- Das Öl in einer Pfanne erhitzen und die Zwiebeln und Pflaumenstücke darin anbraten. Im Anschluss daran die Mandelstifte zugeben. Den fertig gekochten Reis hinzufügen und mit den Pflaumen, Zwiebeln und Mandeln mischen. Mit etwas Asia-Jodsalz, Sojasauce, Curry, Pfeffer und Süßstoff abschmecken.

Passt gut zu: Teryakihähnchen (siehe Rezept Seite 79).

2 Portionen · gelingt leicht

	Asia-Jodsalz
80 g	Parboiledreis
2	Zwiebeln
4	Backpflaumen (50 g)
1 EL	Sonnenblumenkernöl
1 EL	Mandelstifte
1 EL	Sojasauce
	Curry
	Pfeffer, frisch gemahlen
	flüssiger Süßstoff nach Geschmack

Nährwerte pro Portion:

305 kcal, 6 g E, 10 g F, 48 g KH, 6 g Ba, 3 BE, 3,8 KE, 0 mg Chol.

MEHR WISSEN

Gewürzsalz: für jedes Gericht die passende Sorte

Haben Sie schon einmal Kräuter-Jodsalz, Asia-Jodsalz oder Paprika-Jodsalz anstelle von herkömmlichem Speisesalz verwendet? In den Gewürzabteilungen der Supermärkte werden mittlerweile zahlreiche salzige Gewürzmischungen angeboten. Sie sind zwar nicht salzärmer als herkömmliche Mischungen, aber ganz ohne künstliche Geschmacksverstärker hergestellt. Das unterstreicht den natürlichen Geschmack des Lebensmittels und hinterlässt keinen unangenehmen Nachgeschmack. In den einzelnen Mischungen, wie z. B. beim Asia-Jodsalz, sind neben jodiertem Speisesalz auch Currypulver, grüner Pfeffer, gemahlene Zwiebeln, Ingwer, Chili, Kurkuma, Senfmehl und gemahlene Kräuter wie Petersilie enthalten. Das Kartoffel-Jodsalz enthält bereits etwas Muskat. So brauchen Sie wenig andere Gewürze, um Ihrer Speise den typischen Geschmack zu verleihen. Von der Firma Bad Reichenhaller gibt es Asia-Jodsalz, Kräuter-Jodsalz, Kartoffel-Jodsalz, Knoblauch-Jodsalz und Paprika-Jodsalz.

Risotto Milanese

Ein italienisches Nationalgericht, ganz ohne Nudeln – geht das? Und ob, wenn Sie das Risotto einmal gekocht haben, wird es Sie sicher immer wieder begeistern.

2 Portionen · braucht etwas mehr Zeit

2	Schalotten
2	Knoblauchzehen
1–2 TL	gekörnte Fleischbrühe
2 EL	Butter
100 g	Risottoreis (z. B. Arborio)
2 EL	geriebener Parmesankäse

- Die Schalotten abziehen und sehr fein würfeln. Den Knoblauch abziehen, fein hacken oder zerdrücken. 200 ml Wasser mit der Brühe mischen. Die Hälfte der Butter in einem Topf schmelzen. Schalotten und Knoblauch anrösten und den Risottoreis zugeben.

- Wenn die Schalotten beginnen braun zu werden, mit der Gemüsebrühe ablöschen. Die Temperatur herunterschalten und den Reis 15 bis 20 Min. ausquellen lassen. Wenn der Reis am Holzlöffel kleben bleibt, ist er gar. Vor dem Servieren mit der restlichen Butter und dem geriebenen Parmesankäse mischen.

Passt gut zu: Salat, aber auch zu kurz gebratenem Fleisch oder Fischgerichten.

Nährwerte pro Portion:

335 kcal, 9 g E, 14 g F, 43 g KH, 2 g Ba, 2,5 BE, 3,3 KE, 35 mg Chol.

MEHR WISSEN

Kleine Warenkunde: Risottoreis

Risottoreis – auch Arborioreis in der Ausführung fino oder superfino – stammt aus Norditalien. Obwohl er cremig kocht, hat er dennoch Biss. Zum Einsatz kommt er vorwiegend in Risottos. Je nach Verwendungszweck kann Risotto auf verschiedene Arten zubereitet und gewürzt werden. Allein in Italien gibt es über 100 verschiedene Variationen, Risotto zu kochen. Als Garflüssigkeit eignen sich neben leicht gesalzenem Wasser vor allem Gemüse- oder Fleischbrühe, aber auch Wein und Fischsud.

Paella

In Spanien gehört Paella auf jede Speisekarte – in 1000 und einer Variation. Probieren Sie einmal meine Version!

4 Portionen · braucht etwas mehr Zeit

4	Zwiebeln
4	Knoblauchzehen
4	Tomaten
4 EL	Olivenöl
200 g	Parboiledreis
1 EL	gekörnte Gemüsebrühe
1 TL	Curry
400 g	Rotbarschfilet (tiefgekühlt)
2 EL	Zitronensaft
	Kräuter-Jodsalz
200 g	Krabben
200 g	Miesmuscheln (aus dem Glas)
200 g	Erbsen (tiefgekühlt)
3 EL	Zitronensaft
	Salz
	Pfeffer, frisch gemahlen

- Zwiebeln und Knoblauch abziehen. Knoblauch zerdrücken und Zwiebeln würfeln. Die Tomaten kurz mit kochendem Wasser überbrühen, auskühlen lassen und achteln. Das Öl in einem großen Topf oder einer großen beschichteten Pfanne erhitzen.

- Die Zwiebelwürfel und den Knoblauch darin anbraten und den Reis dazugeben. Unter ständigem Rühren glasig anbraten und anschließend mit 600 ml Wasser aufgießen. Brühe und Curry untermischen und alles etwa 15 Min. ausquellen lassen.

- Das Fischfilet säuern und salzen und in mittelgroße Würfel schneiden. Krabben und Miesmuscheln abtropfen lassen. Fisch, Krabben, Tomaten und Erbsen vorsichtig unter den Reis heben. 200 ml Wasser mit dem Zitronensaft mischen und die Fischpfanne damit aufgießen. Weitere 15 Min. auf kleiner Stufe köcheln lassen. Vor dem Servieren mit Salz und Pfeffer abschmecken.

Tipp

Je nach Gericht sieht gelb gefärbter Reis appetitlicher aus als klassisch weißer. Dazu brauchen Sie keine Lebensmittelfarbe – zum Färben eignet sich Curry (einfach, preiswert und gut), Kurkuma und Safran (etwas teurer).

Nährwerte pro Portion:

565 kcal, 40 g E, 21 g F, 54 g KH, 5 g Ba, 3 BE, 4 KE, 160 mg Chol.

Curry-Zwiebel-Reis nach Art des Hauses

2 Portionen · preisgünstig

	Salz	6	Zwiebeln
1 EL	Curry	1 EL	Butter
80 g	Parboiledreis		

- 160 ml Wasser in einem Topf aufkochen, etwas Salz zugeben und Curry in die Flüssigkeit rühren. Den Reis in das kochende Wasser geben und auf kleiner Flamme etwa 10 Min. ausquellen lassen.

- Die Zwiebeln abziehen, halbieren und in Scheiben schneiden. Die Zwiebelscheiben nach 10 Min. zum Reis geben und mit geschlossenem Deckel weitere 10 Min. garen. Zuletzt die Butter untermischen. Zum Servieren den Reis in eine Tasse füllen, fest andrücken und auf einen Teller stürzen.

Passt gut zu: pikantem Sojaragout oder zu Hähnchengeschnetzeltem mit Mais und Champignons.

Nährwerte pro Portion:

225 kcal, 5 g E, 5 g F, 40 g KH, 4 g Ba, 2 BE, 2,5 KE, 10 mg Chol.

Karottenreis

2 Portionen · preisgünstig

1 EL	gekörnte Gemüsebrühe	2	Karotten
120 g	Vollkornreis		frischer Kerbel

- 250 ml Wasser zusammen mit der Gemüsebrühe in einem Topf aufkochen. Den Reis in das kochende Wasser geben auf kleiner Flamme etwa 15 Min. ausquellen lassen. Die Karotten schälen und grob reiben.

- Nach der Hälfte der Garzeit die Karotten zum Reis geben und mit geschlossenem Deckel weitere 15 Min. garen. Den Kerbel abspülen, trocken schütteln und von den Stielen zupfen. Den Reis vor dem Servieren mit dem Kerbel bestreuen.

Passt gut zu: deftigen Fleischgerichten wie Schweinebraten oder zu Putengeschnetzeltem.

Nährwerte pro Portion:

250 kcal, 6 g E, 2 g F, 52 g KH, 7 g Ba, 3 BE, 4 KE, 0 mg Chol.

Kartoffel-Käse-Plätzchen

Als Beilage, mit Apfelmus oder auf einem Salat: Das sind nur drei Vorschläge, wie vielseitig die Kartoffelplätzchen kombiniert werden können.

- Die Kartoffeln schälen, abspülen, klein schneiden und in Salzwasser etwa 20 Min. gar kochen. Die gekochten Kartoffeln stampfen. Den Camembert mit einer Gabel zerdrücken. Die Stampfkartoffeln in eine Schüssel geben, mit dem Camembert, Eigelb und Rosmarin zu einem glatten Teig kneten. Den Kartoffelteig mit dem Gewürzsalz abschmecken und 2 Stunden kalt stellen.

- Den kalten Teig zu einer Rolle formen und in fingerdicke Stücke schneiden. Die Plätzchen in Paniermehl wenden. Das Öl in einer Pfanne erhitzen und die Plätzchen von allen Seiten (3 Min. je Seite) goldbraun braten.

Tipp

Die Kartoffeltaler passen sehr gut als warmes Topping zu einem großen Salatteller.

Nährwerte pro Portion:

340 kcal, 11 g E, 18 g F, 33 g KH, 4 g Ba, 2,8 BE, 3,3 KE, 255 mg Chol.

2 Portionen · preisgünstig

300 g	Kartoffeln, mehlig kochend
	Salz
25 g	fettarmer Camembert
2	Eigelb
	Rosmarin, getrocknet
	Kartoffel-Jodsalz
2 EL	Paniermehl (30 g)
2 EL	Maiskeimöl

Kartoffel-Käseauflauf

Herrlich, der Auflauf! Greifen Sie ruhig zu – Sie brauchen gar kein schlechtes Gewissen haben.

2 Portionen · gelingt leicht

350 g	Kartoffeln
	Salz
2	Zwiebeln
4	Scheiben Lachsschinken
2	Tomaten
200 g	körniger Frischkäse
½	Packung Petersilie (tiefgekühlt)
1 EL	gekörnte Gemüsebrühe
2	Eier
2 EL	Schmand

- Die Kartoffeln schälen, abspülen und in mitteldicke Scheiben schneiden. Die Kartoffeln 10 Min. in Salzwasser kochen. Die Zwiebeln abziehen und in Ringe schneiden. Die Zwiebelringe ins Kochwasser geben und weitere 5 bis 8 Min. zusammen mit den Kartoffeln garen.

- Den Backofen auf 180 Grad (Gas Stufe 2 bis 3, Umluft 160 Grad) vorheizen. Den Schinken in Streifen schneiden. Die Tomaten abspülen, entkernen und in Scheiben schneiden. Die gekochten Kartoffeln und Zwiebelringe in eine Auflaufform geben.

- Die Tomatenscheiben und den Schinken darüber verteilen. Den körnigen Frischkäse mit der Petersilie, der Gemüsebrühe, den Eiern und dem Schmand mischen und über die Gemüse-Kartoffel-Masse gießen. Auf der mittleren Schiene etwa 35 bis 45 Min. backen.

Beilage: knackig-frischer Salat.

Nährwerte pro Portion:

390 kcal, 32 g E, 13 g F, 36 g KH, 6 g Ba, 2 BE, 2,5 KE, 265 mg Chol.

Kartoffel-ABC

Zitronen des Nordens

Kartoffeln sind besonders reich an Vitamin C, daher heißen sie auch „Zitronen des Nordens“. Mit drei mittelgroßen Kartoffeln decken Sie schon die Hälfte Ihres Tagesbedarfs an Vitamin C. Außerdem sind Vitamine der B-Gruppe reichlich enthalten, die wichtig für den gesamten Stoffwechsel sind. Zum Ausgleich des Wasserhaushalts liefert die Kartoffel viel Kalium und kaum Natrium, für den Knochenaufbau Kalzium und Phosphor. Außerdem enthält sie Magnesium, Kupfer, Eisen und Mangan. Hilfe für Ihre Berechnung: 1 dicke Kartoffel (80 g) enthält 1 BE, eine hühnereigroße Kartoffel (65 g) enthält 1 KE.

Für jedes Gericht die passende Sorte

Weltweit gibt es etwa 200 Kartoffelsorten – davon sind ungefähr 60 Sorten für den Menschen genießbar. Nach der Handelsklassenverordnung unterscheidet man Speisekartoffeln in drei Kochtypen: festkochend, vorwiegend festkochend und mehlig kochend. Festkochende Sorten sind ideal für Kartoffelsalat, Gratin, Kartoffelpuffer, Brat-, Salz- und Pellkartoffeln. Vorwiegend festkochende Sorten lassen sich besonders gut für Salz-, Pell- und Bratkartoffeln verwenden. Sie sind aber auch für Eintöpfe und Suppen gut geeignet. Mit mehlig kochenden Sorten lassen sich dagegen köstliches Püree, Klöße, Suppen und Eintöpfe zubereiten. Sie sorgen dafür, dass Eintöpfe eine schöne, sämige Konsistenz bekommen.

SO WIRD’S GEMACHT

Kartoffeln nicht nur zum Essen geeignet

Neben der Küchenzutat machen sich Kartoffeln auch als Hausmittel ausgezeichnet. Wer seine Suppe versalzen hat, braucht nicht alles wegzuschütten. Eine rohe Kartoffel nimmt überschüssiges Salz aus der Suppe auf. Dafür wird sie geschält und in fingerdicke Scheiben geschnitten. Zehn Minuten in der Suppe mitkochen lassen und wieder herausnehmen. So ist die Suppe wieder genießbar. Rohe, angeschnittene Kartoffeln wirken auf die Haut gerieben gegen starken Zwiebelgeruch an den Händen. Darüber hinaus mildern sie Juckreiz und Schwellungen bei lästigen Insektenstichen.

Kartoffeln richtig lagern

Kartoffeln sollten kühl, dunkel und trocken lagern, am besten in einer abgedeckten Kiste im Keller. Wenn Sie keinen Keller haben, kann ein kleiner Vorrat auch in der Küche aufbewahrt werden. Legen Sie dazu einen Apfel zu den Kartoffeln. Gase, die beim Nachreifen des Apfels entstehen, wirken konservierend auf die Knollen. Wenn Sie die Kartoffeln zu hell oder zu lange lagern, treiben sie aus und werden grün. Dann entwickeln sie einen erhöhten Anteil an giftigem Solanin.

Kartoffelpüree mit Schuss

€ 2 Portionen · preisgünstig

350 g	Kartoffeln, mehlig kochend	3 EL	Meerrettich
75 ml	fettreduzierte Sahne (z. B. „Cuisine" von Alpro)		Kartoffel-Jodsalz
		1	Kästchen Kresse
			Salz

- Die Kartoffeln schälen, abspülen und klein schneiden. In Salzwasser etwa 20 bis 25 Min. gar kochen. Die fertig gekochten Kartoffeln abgießen und – ganz wichtig – kurz im Topf ausdämpfen lassen. Anschließend mit einem Kartoffelstampfer zerdrücken.

- Die Kartoffelmasse mit der Sahne und dem Meerrettich mischen. Mit etwas Kartoffel-Jodsalz abschmecken. Die Kresse mit einer Schere abschneiden und das Kartoffelpüree vor dem Servieren mit Kresse garniert servieren.

Passt gut zu: Gulasch oder auch gemischt mit gekochten Karotten.

Nährwerte pro Portion:

180 kcal, 4 g E, 5 g F, 29 g KH, 5 g Ba, 2 BE, 2,5 KE, 15 mg Chol.

Herzoginkartoffeln

2 Portionen · braucht etwas mehr Zeit

400 g	Kartoffeln, mehlig kochend		Kartoffel-Jodsalz
2	Eigelb	1 EL	Butter
			Spritzbeutel

- Die Kartoffeln schälen, abspülen, klein schneiden und gar kochen. Die Kartoffeln stampfen und in einer Schüssel mit Eigelb, Kartoffel-Jodsalz und der Butter zu einem geschmeidigen Kartoffelteig verarbeiten.

- Den Backofen auf 180 Grad (Gas Stufe 2 bis 3, Umluft 160 Grad) vorheizen. Ein Backblech mit Backpapier auslegen oder eine Silikonbackunterlage ausbreiten. Den Spritzbeutel (große Sterntülle) mit der Kartoffelmasse füllen und kleine Rosetten auf das Blech setzen. Auf der obersten Schiene im Backofen in etwa 5 bis 8 Min. goldgelb backen.

Tipp

Herzoginkartoffeln – auch Pommes Duchesse genannt – passen sehr gut zu Gerichten mit Sauce, wie z. B. Gulasch, Braten oder Medaillons mit Champignonsauce. Sie saugen sich schön voll und sind dabei fettärmer als Kroketten.

Nährwerte pro Portion:

250 kcal, 7 g E, 11 g F, 30 g KH, 5 g Ba, 2,5 BE, 3 KE, 265 mg Chol.

Kartoffelknödel

2 Portionen · braucht etwas mehr Zeit

500 g	Kartoffeln		Kartoffel-Jodsalz
	Salz		Muskatnuss, frisch gerieben
2	Eier	1 EL	Butter
2 EL	Kartoffelstärke (20 g)		

- Die Kartoffeln schälen, abspülen und klein schneiden. In Salzwasser etwa 20 bis 25 Min. gar kochen. Abgießen und im Topf ausdämpfen lassen. Anschließend durch die Kartoffelpresse drücken. Die Eier untermischen und die Kartoffelstärke zugeben. So lange kneten, bis ein geschmeidiger Teig entstanden ist. Mit Kartoffel-Jodsalz und Muskat abschmecken und zum Abschluss die Butter unter den Teig kneten.

- In einem großen Topf Salzwasser zum Kochen bringen. Aus dem Kartoffelteig Knödel formen. Sobald das Wasser kocht, die Hitze herunterschalten und die Knödel in den Topf geben. 15 bis 20 Min. ziehen lassen. Wenn die Knödel an der Wasseroberfläche schwimmen, sind sie gar. Dann mit einer Schaumkelle aus dem Wasser nehmen und als Beilage reichen.

TIPP

Knödel sind eine klassische Kohlenhydratbeilage zu Rotkohl und Braten. Aber auch zur Resteverwertung sind sie bestens geeignet. Ganz einfach in Scheiben schneiden, braten und dazu frisches Apfelmus – lecker!

Nährwerte pro Portion:

335 kcal, 13 g E, 11 g F, 46 g KH, 6 g Ba, 3,5 BE, 4,5 KE, 250 mg Chol.

Rosmarinkartoffeln

2 Portionen · preisgünstig

350 g	junge, kleine Kartoffeln		etwas grobes Meersalz
2 EL	Olivenöl	3	Zweige Rosmarin

- Die Kartoffeln unter fließendem Wasser gründlich abbürsten und 15 bis 20 Min. gar kochen. Anschließend gut abtropfen lassen. Das Olivenöl in einer beschichteten Pfanne erhitzen und die Kartoffeln hineingeben.

- Etwas grobes Meersalz hinzufügen. Das Rosmarin abspülen, trocken schütteln, die Nadeln von den Zweigen zupfen und mit den Kartoffeln anbraten. Wenn die Kartoffeln goldgelb sind, können sie serviert werden.

TIPP

Rosmarinkartoffeln sind eine willkommene Abwechslung zu Bratkartoffeln oder Pommes frites. Besonders aromatisch schmecken sie aus jungen, kleinen Kartoffeln, die Drillinge genannt werden. Sehr gut passen sie zu mediterranen Gerichten, wie Ratatouille, Zucchini-Hackpfanne oder Steak mit Salat.

Nährwerte pro Portion:

210 kcal, 4 g E, 10 g F, 26 g KH, 4 g Ba, 2 BE, 2,5 KE, 0 mg Chol.

Kartoffeltarte mit Tomaten

Salbei und Parmesankäse machen die Tarte zu einem geschmacklichen Highlight.

€ 2 Portionen · preisgünstig

350 g	Kartoffeln
2	Tomaten
1	Knoblauchzehe
3	Eier
4 EL	Milch
	Kartoffel-Jodsalz
	Salz | Pfeffer, frisch gemahlen
1 EL	geriebener Parmesankäse
1	Zweig Salbei
1 EL	Maiskeimöl

- Die Kartoffeln in der Schale kochen, pellen und abkühlen lassen. Die Tomaten abspülen, putzen und in Scheiben schneiden. Die ausgekühlten Kartoffeln ebenfalls in Scheiben schneiden. Den Knoblauch abziehen und fein hacken oder zerdrücken.

- Die Eier und die Milch in einem tiefen Teller verquirlen und mit dem Kartoffel-Jodsalz, Pfeffer und Parmesankäse abschmecken. Salbei abspülen, trocken schütteln und die Blätter abzupfen. Das Öl in einer Pfanne erhitzen und den Knoblauch darin anbraten.

- Die Hitze zurückschalten und die Tomatenscheiben auf dem Pfannenboden gleichmäßig verteilen. Die Kartoffelscheiben darüberschichten und mit den restlichen Tomatenscheiben bedecken. Jede Schicht mit Salz und Pfeffer würzen. Die Eiermilch über die Kartoffeln und Tomaten gießen und die gezupften Salbeiblätter darauf verteilen.

- Die Hitze noch weiter reduzieren und alles mit geschlossenem Deckel etwa 20 Min. stocken lassen. Die Tarte vorsichtig mit einem Pfannenwender lösen, auf einen Teller gleiten lassen, auf einen zweiten Teller stürzen und nun mit der hellen Seite zurück in die Pfanne geben. Noch einmal etwa 8 bis 10 Min. stocken lassen.

Tipp

Kochen Sie am Vortag direkt eine größere Portion Kartoffeln, und verwenden Sie diese für die Tarte. Es lohnt sich: Die Kombination von Kartoffeln und Ei liefert sehr viel hochwertiges Eiweiß für den Körper.

Nährwerte pro Portion:

340 kcal, 19 g E, 17 g F, 27 g KH, 5 g Ba, 2 BE, 2,5 KE, 35 mg Chol.

Weißkohltopf mit Hackbällchen

Weißkohl und Hackfleisch vertragen sich gut. Testen Sie unbedingt diesen deftigen und gut sättigenden Eintopf. Und einmal aufgewärmt schmeckt er noch mal so gut!

2 Portionen · preisgünstig

1	kleiner Weißkohlkopf
300 g	Kartoffeln, vorwiegend fest kochend
1	Zwiebel
1-2 TL	gekörnte Gemüsebrühe
1 TL	Kümmel, ganz
1	kleine Dose Tomaten (400 g)
250 g	Rinderhackfleisch
1	Ei
	Kräuter-Jodsalz
	Pfeffer, frisch gemahlen
2 EL	Paniermehl (30 g)
2 EL	Weizenmehl (20 g)

- Den Weißkohl putzen, abspülen und in mittelgroße Stücke schneiden. Die Kartoffeln schälen, abspülen und würfeln. Die Zwiebel abziehen und fein würfeln. Weißkohl und Kartoffelwürfel in einen Topf geben und so viel Wasser hinzufügen, dass sie leicht bedeckt sind. Die gekörnte Brühe und den Kümmel hinzufügen. Die geschälten Tomaten zugeben und alles auf kleiner Flamme 20 Min. köcheln lassen.

- Das Hackfleisch in einer Schüssel mit Zwiebelwürfeln, Ei, den Gewürzen und Paniermehl zu einem geschmeidigen Hackfleischteig verkneten. Falls nötig, noch einmal abschmecken. Aus dem Teig aprikosengroße Bällchen formen. Die Bällchen leicht in Mehl wälzen und in die köchelnde Suppe geben. Weitere 10 Min. bei mittlerer Hitze gar kochen, bis die Suppe nicht mehr trüb ist.

Variante: Probieren Sie den Eintopf einmal mit anderen Gemüsesorten. Lecker schmeckt er z. B. auch mit grünen Bohnen, oder fruchtig raffiniert mit Zucchini, Mais und Tomaten.

Nährwerte pro Portion:

565 kcal, 38 g E, 22 g F, 54 g KH, 12 g Ba, 3,4 BE, 4 KE, 190 mg Chol.

Lauchsuppe mit Hackfleisch

€ 2 Portionen · preisgünstig

2	große Stangen Lauch
2	Zwiebeln
1 EL	Maiskeimöl
200 g	Rinderhackfleisch
2 TL	gekörnte Fleischbrühe
50 g	Schmelzkäse (max. 30 % F. i. Tr.)
	Pfeffer, frisch gemahlen
	Muskatnuss, frisch gerieben
100 ml	fettarme Milch
1 EL	Weizenmehl

- Den Lauch der Länge nach halbieren, gründlich abspülen und in Ringe schneiden. Die Zwiebeln abziehen und fein würfeln. Das Öl in einem Topf erhitzen, Hackfleisch und Zwiebelwürfel anbraten.

- Die Zwiebel-Hack-Masse schmoren und sobald sich etwas Fleisch am Topfboden absetzt, mit wenig Wasser ablöschen, mit 400 ml Wasser aufgießen und die Lauchringe zugeben.

- Die gekörnte Fleischbrühe in die Flüssigkeit einrühren und 15 bis 20 Min. auf mittlerer Flamme garen. Wenn der Lauch weich ist, den Schmelzkäse in der Suppe auflösen. Die Suppe mit Pfeffer und Muskat abschmecken.

- Die Milch mit dem Mehl glatt rühren. Die Suppe aufkochen und die Mehlmilch mit dem Schneebesen einrühren, nochmals aufkochen und heiß servieren.

Nährwerte pro Portion:

420 kcal, 32 g E, 22 g F, 23 g KH, 5 g Ba, 3/4 BE, 1 KE, 65 mg Chol.

Curry-Apfel-Suppe mit Hähnchen

2 Portionen · gelingt leicht

1	großes Hähnchenbrustfilet (200 g)
2	Zwiebeln
1	mittelgroßer Apfel (150 g)
1 EL	Rapsöl
200 ml	fettreduzierte Sahne (z. B. „Cuisine" von Alpro)
	Pfeffer, frisch gemahlen
	etwas flüssiger Süßstoff nach Geschmack
1–2 TL	gekörnte Gemüsebrühe
4 EL	Mehl (40 g)
	Curry

- Die Hähnchenbrust kalt abspülen, trocken tupfen und in kleine Stücke schneiden. Die Zwiebeln abziehen und fein würfeln. Den Apfel schälen, vom Kerngehäuse befreien und in kleine Würfel schneiden. Das Öl erhitzen und das Fleisch mit Zwiebeln, Apfelstücken und etwas Curry scharf anbraten. Wenig Wasser angießen und schmoren. Diesen Vorgang zweimal wiederholen.

- Etwa 150 bis 200 ml Wasser und die Sahne hinzufügen. Mit Curry, Pfeffer, Süßstoff und gekörnter Gemüsebrühe würzen. 10 Min. auf kleiner Flamme köcheln lassen. Das Mehl mit wenig Wasser glatt rühren. Die Suppe abschmecken, noch einmal aufkochen lassen und das angerührte Mehl einrühren.

Nährwerte pro Portion:

425 kcal, 29 g E, 21 g F, 30 g KH, 3 g Ba, 1,7 BE, 2 KE, 85 mg Chol.

Hähnchen-Gemüse-Eintopf

2 Portionen · preisgünstig

2	Zwiebeln
2	Karotten
½	Sellerieknolle
350 g	Kartoffeln, mehlig kochend
2	Hähnchenbrustfilet (300 g)
1 EL	Rapsöl
1–2 TL	gekörnte Gemüsebrühe
	Pfeffer, frisch gemahlen
200 g	Bohnen (tiefgekühlt)
	Kräuter-Jodsalz
	etwas Kerbel

- Die Zwiebeln abziehen und würfeln. Die Karotten schälen und in mitteldicke Scheiben schneiden. Sellerie putzen, abspülen und in mittelgroße Würfel schneiden. Die Kartoffeln schälen, abspülen und ebenfalls in Würfel schneiden. Die Hähnchenbrustfilets kalt abspülen, trocken tupfen und würfeln.

- Das Öl erhitzen und zuerst die Zwiebeln und das Fleisch scharf anbraten. Die Karotten und Selleriestücke zugeben und kurz mit anschwitzen. 250 ml Wasser dazugießen und mit der gekörnten Gemüsebrühe und Pfeffer würzen. Die Kartoffelstücke und die Bohnen zugeben. Auf mittlerer Flamme etwa 20 bis 30 Min. garen.

- Den Hähnchen-Gemüse-Topf mit den Gewürzen und je nach Geschmack mit wenig Kräuter-Jodsalz abschmecken. Den Kerbel abspülen, trocken schütteln und von den Stielen zupfen. Vor dem Servieren in die Suppe rühren.

Nährwerte pro Portion:

410 kcal, 45 g E, 7 g F, 41 g KH, 17 g Ba, 2 BE, 2,5 KE, 100 mg Chol.

Minestrone mit Nudeln

Die italienische Antwort auf den Pichelsteiner Gemüsetopf.

2 Portionen · gelingt leicht

1	Bund Suppengrün
2	Zwiebeln
2	Knoblauchzehen
½	kleiner Wirsingkohl
1 EL	Olivenöl
	Salz
	Pfeffer, frisch gemahlen
1–2 TL	gekörnte Gemüsebrühe
100 g	Muschelnudeln
½	kleine Dose weiße dicke Bohnen (125g)
150 g	Erbsen (tiefgekühlt)
1	kleine Dose Tomatenstücke (400 g)
½	Bund frische Petersilie
	Tomaten-Jodsalz
1 EL	geriebener Parmesan

- Suppengrün putzen, abspülen, wenn nötig, schälen und klein schneiden. Die Zwiebeln und Knoblauchzehen abziehen. Die Zwiebeln fein würfeln, den Knoblauch fein hacken oder zerdrücken. Den Wirsing putzen, abspülen und in feine Streifen schneiden. Das Öl in einem Topf erhitzen und zuerst Zwiebeln und Knoblauch darin anbraten.

- Das Suppengemüse und den abgetropften Wirsing zugeben, leicht salzen und pfeffern. Mit so viel Wasser aufgießen, dass das Gemüse im Wasser schwimmt. Mit der Gemüsebrühe würzen und etwa 10 Min. kochen lassen. Nun die Nudeln zum Gemüse geben und weitere 5 Min. kochen. Bohnen, Erbsen und Tomaten in die Suppe geben und weitere 5 Min. garen.

- Die Petersilie abspülen, trocken schütteln und hacken. Die Suppe nach der Garzeit mit Pfeffer und Tomaten-Jodsalz abschmecken und die Petersilie hinzufügen. Vor dem Servieren mit dem geriebenen Parmesan bestreuen.

Nährwerte pro Portion:

475 kcal, 26 g E, 12 g F, 65 g KH, 19 g Ba, 4 BE, 5,2 KE, 55 mg Chol.

MEHR WISSEN

Minestrone: Italiens beliebtester Eintopf

Die Minestrone (italienisch für: servierte Suppe) gehört neben Pasta und Risotto zu den italienischen Nationalgerichten. Und wie sollte es anders sein: Auch hier gibt es 1 000 und Rezept. Was aber in einer Minestrone nicht fehlen darf, sind Tomaten, Kartoffeln, Reis oder Nudeln und Bohnen. Den Abschluss krönt immer etwas geriebener Parmesankäse. Die Italiener genießen ihre Minestrone heiß, lauwarm und sogar kalt. Dank der großen Gemüsemenge mit wenig oder keinem Fleisch ist die Suppe fettarm und ballaststoffreich – ein gutes Stück mediterrane Küche.

Sauerkrautsuppe

Wer hätte gedacht, dass es jetzt auch noch in die Suppe kommt – das Sauerkraut. Bestimmt sind auch Ihre Gäste von der Partysuppe begeistert.

2 Portionen · gelingt leicht

200 g	fettarmes Schweinefleisch
1	Gemüsezwiebel
250 g	Kartoffeln
1 EL	Rapsöl
150 g	Sauerkraut
	Kartoffel-Jodsalz
	Pfeffer, frisch gemahlen
	Muskatnuss, frisch gerieben
½	Bund frische Petersilie
2 EL	Schmand

Nährwerte pro Portion:

310 kcal, 26 g E, 13 g F, 22 g KH, 6 g Ba, 1,5 BE, 2 KE, 75 mg Chol.

- Das Fleisch kalt abspülen, trocken tupfen und fein würfeln. Die Gemüsezwiebel abziehen und in Würfel schneiden. Die Kartoffeln schälen, abspülen und auf einer Reibe grob reiben.

- Das Öl in einem Topf erhitzen und das Fleisch mit den Zwiebelwürfeln darin anbraten. Mit 500 ml Wasser ablöschen und das Sauerkaut und die geriebenen Kartoffeln zugeben. Die Suppe mit wenig Kartoffel-Jodsalz, Pfeffer und Muskat würzen und etwa 30 Min. auf kleiner Flamme garen.

- Die Petersilie abspülen, trocken schütteln, hacken und in die Suppe rühren (dabei etwas Petersilie zurückbehalten). Die Sauerkrautsuppe vor dem Servieren mit jeweils 1 Esslöffel Schmand und etwas gehackter Petersilie garnieren.

MEHR WISSEN

So wird aus Weißkohl Sauerkraut

Sauerkraut liegt voll im Trend. Doch wie wird aus einem einfachen Kohlkopf Sauerkraut? Bei der Kohlernte wird jeder Kohlkopf einzeln von Hand geschnitten. Die äußeren Blätter werden entfernt und der holzige Strunk herausgebohrt. Rotierende Messer zerschneiden den Kohl anschließend in feine Streifen. Mit Salz versetzt kommen die Kohlschnitzel in voluminöse Gärbehälter und werden – luftdicht verschlossen – unter Druck gesetzt. Bakterien, die an den Kohlblättern haften oder aus der Umgebungsluft stammen, setzen einen komplexen biochemischen Prozess in Gang: die Gärung. Zellsaft tritt aus, füllt die Zwischenräume der Weißkohlstreifen und verdrängt die restliche Luft aus dem Gärbecken. Unter Druck und Luftausschluss werden dann Milchsäurebakterien aktiv. Sie wandeln unter Freisetzung von Kohlensäure den Fruchtzucker im Weißkohl in Milchsäure um. Je nach gewünschtem Säuregrad ist der Gärprozess nach sechs Tagen bis drei Monaten abgeschlossen. Sauerkraut und Sauerkrautsaft senken zwar nicht den Blutzucker, sind aber sehr kalorienarm und ballaststoffreich. Das trägt dazu bei, dass der Blutzucker gemäßigter verläuft.

Linseneintopf

Was Oma schon wusste, ist heute immer noch gut. Es geht doch nichts über einen kräftigen, wärmenden und sättigenden Linseneintopf.

- Die Linsen in einen Topf geben und so viel Wasser hinzufüllen, dass sie zwei Finger breit bedeckt sind. 1 Esslöffel der gekörnten Brühe, das Natron, die Lorbeerblätter und die Nelken hinzufügen.

- Die Linsen auf kleiner Flamme langsam zum Kochen bringen. Etwa 1 bis 1½ Stunden köcheln lassen, bis die Linsen weich sind. In der Zwischenzeit die Kartoffeln schälen, abspülen und würfeln. Nach der Kochzeit zu den weichen Linsen geben. Falls nötig, mit etwas Wasser aufgießen.

- Anschließend das tiefgekühlte Suppengemüse in den Topf geben. Mit der restlichen Gemüsebrühe und Pfeffer abschmecken und noch ½ Stunde köcheln lassen. Vor dem Servieren die Petersilie und den Essig unterrühren.

Variante: Wenn Sie den Linseneintopf gern mit Fleisch mögen, können Sie kurz vor Ende der Garzeit Geflügelwürstchen in der Suppe erhitzen oder 200 g fettarmen Speck im Topf anschmoren und mitkochen.

MEHR WISSEN

Berechnung von Linsen und Co.

Früher gab es die Empfehlung, bei Diabetes keine Hülsenfrüchte wie Linsen, weiße Bohnen oder Erbsen zu essen, da sie sehr kohlenhydratreich sind. Nach neuen Empfehlungen rät die Deutsche Diabetes Gesellschaft (DDG), Hülsenfrüchte, so oft es geht, in den Wochenspeiseplan einzubauen. Hülsenfrüchte sind sehr gesund, weil sie hochwertiges Eiweiß, wenig Fett, eine große Menge Kohlenhydrate in Verbindung mit reichlich Ballaststoffen sowie Vitamine und Mineralstoffe enthalten. Dank ihrer großen Ballaststoffmenge ist der Blutzuckerverlauf nach dem Genuss von Linsen und Co. gemäßigt. Für die Kohlenhydratberechnung ist es sinnvoll, pro BE 30 g und pro KE 20 bis 25 g getrocknete Hülsenfrüchte zu berechnen. Es empfiehlt sich, den Blutzucker nach dem Essen (nach ca. 1½ bis 2 Stunden) zu testen und entsprechend zu reagieren.

4 Portionen · preisgünstig

120 g	Tellerlinsen
1–2 EL	gekörnte Gemüsebrühe
½ TL	Natron (z. B. von der Firma Kaiser Natron, Supermarkt)
2	Lorbeerblätter
2	Gewürznelken
350 g	Kartoffeln, mehlig kochend
1 kg	Suppengemüse (tiefgekühlt)
	Pfeffer, frisch gemahlen
1	Packung Petersilie (tiefgekühlt)
1–2 EL	Weißweinessig

Nährwerte pro Portion:

430 kcal, 23 g E, 2 g F, 80 g KH, 29 g Ba, 4 BE, 5,5 KE, 0 mg Chol.

Tipp

Kochen Sie eine größere Menge Eintopf. Er lässt sich sehr gut einfrieren und schmeckt aufgewärmt doppelt gut.

Weiße Bohnensuppe

Fleischlos und trotzdem glücklich! Mit dem deftigen Eintopf aus weißen Bohnen mit Parmesankäse und Gemüsen ist das sicher machbar.

2 Portionen · braucht etwas mehr Zeit

120 g	weiße Bohnen
½ TL	Natron (z. B. von der Firma Kaiser Natron, Supermarkt)
1–2 TL	gekörnte Gemüsebrühe
1	Zwiebel
1	Knoblauchzehe
1	Karotte
1	Stange Staudensellerie
1	Stange Lauch
1	Rosmarinzweig
1 EL	Olivenöl
	Kartoffel-Jodsalz
	Pfeffer, frisch gemahlen
½	Packung gehackter Thymian (tiefgekühlt)
1	Scheibe Toastbrot (25 g)
1 EL	geriebener Parmesankäse

Tipp

Fleischlos und trotzdem glücklich! Mit dem deftigen Eintopf aus weißen Bohnen mit Parmesankäse und Gemüsen ist das sicher machbar.

- Die Bohnen in einen Topf geben und so viel Wasser hinzufüllen, dass die Bohnen 10 cm hoch bedeckt sind. Die Hülsenfrüchte 8 bis 10 Stunden quellen lassen (am besten über Nacht). Danach samt Einweichwasser, Natron und Gemüsebrühe 1½ Stunden garen. Wenn die Bohnen das Einweichwasser vollständig aufgesogen haben, ½ l Wasser nachgießen.

- Zwiebel und Knoblauchzehe abziehen. Zwiebel fein würfeln, den Knoblauch fein hacken oder zerdrücken. Die Karotte schälen und in dünne Scheiben schneiden. Staudensellerie putzen, abspülen und in feine Ringe schneiden. Lauch längs halbieren, gründlich abspülen und in ganz feine Ringe schneiden. Rosmarinnadeln abspülen, trocken schütteln und vom Zweig zupfen.

- Das Olivenöl erhitzen und Zwiebelwürfel und Knoblauch darin scharf anbraten. Das Gemüse zugeben und alles etwa 5 bis 8 Min. dünsten. Nach der Garzeit die Hälfte der Bohnen aus dem Topf nehmen, etwas Kochflüssigkeit dazugeben und mit einem Pürierstab sämig pürieren. Das Bohnenpüree zurück in die Suppe geben und das angeschwitzte Gemüse hinzufügen.

- Die Suppe 15 Min. ohne Deckel auf kleiner Stufe köcheln lassen. Mit Kartoffel-Jodsalz und Pfeffer abschmecken und den Rosmarin zugeben. Das Toastbrot anrösten und diagonal durchschneiden. Die beiden Hälften auf zwei Teller legen und den Parmesankäse darüberstreuen. Zum Servieren die Bohnensuppe über das Toastbrot gießen.

Variante: Wenn Sie keine weißen Bohnen vorrätig haben, können Sie auch mehlig kochende Kartoffeln oder getrocknete Erbsen für die Suppe verwenden.

Nährwerte pro Portion:

350 kcal, 21 g E, 11 g F, 41 g KH, 18 g Ba, 2,5 BE, 3,5 KE, 8 mg Chol.

Zwiebelsuppe

Zu Hause ist die Zwiebelsuppe in Frankreich und Italien. Doch sie ist so einfach und unkompliziert in der Zubereitung, dass sie bestimmt bald auch bei Ihnen regelmäßig auf den Tisch kommt.

2 Portionen · gelingt leicht

2	Gemüsezwiebeln
1 EL	Butter
2 EL	Weizenmehl (20 g)
	Salz
	Pfeffer, frisch gemahlen
100 ml	trockener Weißwein
2 EL	geriebener Käse (max. 40 % Fett i.Tr.)

- Die Zwiebeln abziehen, halbieren und in hauchdünne Scheiben schneiden. Die Butter in einem Topf erhitzen und die Zwiebelscheiben darin unter Wenden goldgelb braten. Das Mehl über die Zwiebeln stäuben, leicht bräunen lassen und mit 400 ml Wasser aufgießen. Falls sich Mehlklümpchen bilden, kräftig mit dem Schneebesen durch die Suppe rühren.

- Mit Salz und Pfeffer würzen und bei mittlerer Hitze etwa 25 Min. kochen lassen. Zum Schluss den trockenen Weißwein in die fertige Suppe rühren und noch einmal mit Salz und Pfeffer abschmecken. Die Suppe in zwei Suppentassen geben und mit dem geriebenen Käse bestreut servieren.

Beilage: Wenn Sie die Suppe als Hauptgang essen möchten, können Sie dazu geröstetes Weißbrot und einen Salat servieren.

Nährwerte pro Portion:

200 kcal, 8 g E, 8 g F, 5 g Alk., 15 g KH, 3 g Ba, 0,5 BE, 0,5 KE, 20 mg Chol.

MEHR WISSEN

Kleine Warenkunde: Zwiebeln

Schalotten, Lauchzwiebeln, Frühlingszwiebeln, Perlzwiebeln, weiße, rote, Küchen- und Gemüsezwiebeln. Sie alle gehören zur großen Familie der Zwiebelgemüse. Ihr Geschmack reicht von mild-süßlich bis äußerst scharf und pikant. Für die Zubereitung von Zwiebelgemüse eignen sich die milden dicken Küchenzwiebeln. Schalotten mögen Fleisch und werden gerne in der Sauce mitgekocht. Lauch- und Frühlingszwiebeln sind eine gute Zutat für frische Salate. Perlzwiebeln werden meist sauer eingelegt und in Kartoffelsalat oder als Beilage zum Brot gereicht. Ja und die gängigsten und universell einsetzbaren Zwiebeln sind rote, weiße und Küchenzwiebeln. Eines haben alle gemeinsam: Sie bringen uns zum Weinen, deshalb Zwiebeln nach dem Abziehen kalt abwaschen, so bleibt das Auge trocken.

Kartoffelcremesuppe mit Gambas

2 Portionen · gelingt leicht

400 g	Kartoffeln
2	Zwiebeln
1–2 TL	gekörnte Gemüsebrühe
100 ml	fettreduzierte Sahne (z. B. „Cuisine“ von Alpro)
	Muskatnuss, frisch gemahlen
	Pfeffer, frisch gemahlen
1 EL	Rapsöl
4	große Gambas/Riesengarnelen (200 g)
	etwas Rosmarin

- Die Kartoffeln schälen, abspülen und vierteln. Die Zwiebeln abziehen und würfeln. Kartoffeln und Zwiebelwürfel in einen Topf geben und mit 400 ml Wasser auffüllen. Die gekörnte Gemüsebrühe in das Wasser einrühren und alles etwa 20 Min. kochen. Anschließend die Suppe mit dem Pürierstab pürieren.

- Die Sahne zugeben, mit den Gewürzen abschmecken und weitere 5 Min. köcheln lassen. In der Zwischenzeit das Öl in einer Pfanne erhitzen und die Gambas darin von allen Seiten anbraten. Die Suppe portionieren und die gebratenen Gambas auf die Suppe setzen. Mit ein paar Rosmarinnadeln garniert servieren.

Variante: Wenn Sie keine Meeresfrüchte mögen, können Sie die Suppe auch mit in Streifen geschnittenem Schinken garnieren oder einfach pur genießen.

Nährwerte pro Portion:

385 kcal, 26 g E, 15 g F, 36 g KH, 6 g Ba, 2,5 BE, 3 KE, 165 mg Chol.

Garneleneintopf

2 Portionen · gelingt leicht

500 g	Garnelen (tiefgekühlt)
2	Zwiebeln
2	Knoblauchzehen
2	Stangen Staudensellerie
1 EL	Maiskeimöl
	Kräuter-Jodsalz
	Pfeffer, frisch gemahlen
	Curry
1 TL	gekörnte Gemüsebrühe
1	kleine Dose Tomatenstücke (400 g)
	etwas Thymian, getrocknet
	etwas Tabasco

- Die Garnelen auftauen und gut abtropfen lassen. Die Zwiebeln und den Knoblauch abziehen, die Zwiebeln klein würfeln, den Knoblauch fein hacken. Staudensellerie putzen, abspülen und klein würfeln. Das Öl in einem großen Topf erhitzen, die Garnelen von allen Seiten scharf anbraten und aus der Pfanne nehmen.

- Das Gemüse in die Pfanne geben und mit Kräuter-Jodsalz, Pfeffer und Curry würzen. Dann mit 250 ml Wasser aufgießen und die gekörnte Gemüsebrühe in die Flüssigkeit einrühren. Die Dosentomaten hinzufügen und alles bei geschlossenem Deckel etwa 20 Min. bei mittlerer Hitze kochen lassen. Anschließend die Garnelen in die Suppe geben und mit etwas Thymian und einigen Tropfen Tabasco abschmecken.

Nährwerte pro Portion:

325 kcal, 50 g E, 9 g F, 11 g KH, 4 g Ba, 0 BE, 0 KE, 345 mg Chol.

▲ Kartoffelcremesuppe mit Gambas

Desserts und Süßspeisen

Erdbeermousse

Cremig-zart, zart-cremig. Erdbeeren und Sahne verschmelzen zu einer feinen Mousse.

2 Portionen · preisgünstig

3	Blatt weiße Gelatine
200 g	Erdbeeren
	flüssiger Süßstoff nach Geschmack
100 ml	fettreduzierte Sahne (z. B. „Rama Cremefine“)
50 g	Magerquark
1 TL	Pistazienkerne, gehackt

Nährwerte pro Portion:

150 kcal, 8 g E, 9 g F, 9 g KH, 2 g Ba, 0,5 BE, 0,6 KE, 10 mg Chol.

- Die Gelatine in kaltem Wasser 10 Min. einweichen. Die Erdbeeren abspülen, putzen und zur Hälfte in Scheiben schneiden. Die andere Hälfte mit einem Pürierstab und etwas Süßstoff pürieren. Die gekühlte Sahne steif schlagen und kalt stellen.

- Gelatine gut ausdrücken und im Wasserbad auflösen. Wenn sie sich vollständig aufgelöst hat, die Schüssel aus dem Topf nehmen und 5 Esslöffel vom Erdbeerpüree zügig in die Gelatine einrühren. Anschließend die Erdbeer-Gelatine-Masse zum Erdbeerpüree geben und gründlich unterrühren.

- Die geschlagene Sahne mit der Erdbeercreme mischen. Zuletzt den Quark unterheben. Den Boden von zwei breiten Whiskeygläsern mit einem Teil der Creme füllen. Die Erdbeerscheiben darauf verteilen und eine weitere Schicht Creme darübergeben. Mit ein paar Erdbeerscheiben garnieren und die Gläser 3 Stunden kalt stellen. Vor dem Servieren mit gehackten Pistazien bestreuen.

Variante: Die Mousse schmeckt auch toll mit Apfelmus, Himbeeren, Mango oder Aprikosen.

MEHR WISSEN

Kleine Warenkunde: Gelatine

Gelatine entsteht durch das Auskochen von Knochen. Sie eignet sich für alle Zubereitungen, die stich- oder schnittfest sein sollen. Dazu gehören Sülzen, Gelees oder eben Desserts. Gelatine gibt es in Rot und Weiß, gemahlen oder als Blätter. Da sie kaum Kalorien, kein Fett und keine BE/KE liefert, ist sie ideal für die figurfreundliche Küche. Wenn Sie Kiwi, Mango, Papaya oder Ananas mit Gelatine verarbeiten möchten, müssen Sie die Früchte oder deren Mus allerdings erst kurz aufkochen, da die Südfrüchte in rohem Zustand ein eiweißspaltendes Enzym enthalten, was die Gelierfähigkeit von Gelatine blockiert. Erst in gekochtem Zustand wird dieses Enzym bei Südfrüchten zerstört.

Blitzeis

Darf ich vorstellen: Das erste Eis, das nicht frieren muss und blitzschnell zubereitet ist.

2 Portionen · geht schnell

100 ml	fettreduzierte Sahne bzw. Sprühsahne (Natreen)
200 g	fettarmer Joghurt
200 g	Sauerkirschen (tiefgekühlt)
	etwas Zitronensaft
1 EL	Streusüße (z. B. von Canderel)
2	Minzezweige

Tipp

Ganz wichtig, damit das Eis auch blitzschnell gefriert: Die Früchte müssen auf jeden Fall tiefgekühlt sein. Sofort nach dem Aufschlagen genießen, oder kalt stellen.

- Die kalte Sahne mit dem Handrührgerät auf höchster Stufe steif schlagen. Joghurt, Kirschen, Zitronensaft und Streusüße in einer Küchenmaschine oder mit einem Pürierstab zu einer cremigen Masse pürieren. Die geschlagene Sahne bzw. die fertige Sprühsahne (sie ist bereits gesüßt) unterheben und mit etwas Streusüße abschmecken.

- Die Minzezweige abspülen und trocken schütteln. Entweder das Blitzeis direkt in Gläser füllen und mit der Minze garnieren oder in einer fest verschlossenen Schüssel ½ halbe Stunde ins Gefrierfach stellen. Vor dem Portionieren noch einmal kräftig durchrühren und mit ein paar Minzblättchen garniert servieren.

Variante: Sie können das Blitzeis auch mit gefrorenen Tropikfrüchten oder Beeren zubereiten. Dank seiner zart-milchigen Konsistenz kommt es vor allem bei Kindern gut an.

Nährwerte pro Portion:

200 kcal, 5 g E, 12 g F, 18 g KH, 1 g Ba, 1 BE, 1,5 KE, 20 mg Chol.

Beerentraum

Aus Quark und Heidelbeeren entsteht ein Traumdessert, das besonders schnell und einfach zubereitet ist. Kinder helfen Ihnen gerne dabei!

- Tiefgekühlte Heidelbeeren auf einem Sieb auftauen lassen (dabei den Saft auffangen), frische Heidelbeeren abspülen und verlesen. Den Quark mit dem Frischkäse mischen. Den aufgefangenen Heidelbeersaft in den Quark rühren. Je nach Konsistenz noch etwas Sprudelwasser zugeben. Mit Zitronensaft zu einer glatten Masse rühren und mit dem flüssigen Süßstoff abschmecken.

- Die Mandelblättchen in einer beschichteten Pfanne ohne Fett goldgelb rösten und abkühlen lassen. Zum Schluss die Heidelbeeren mit dem Quark mischen. In zwei Gläser füllen und mit den gerösteten Mandelblättchen garnieren.

Variante: Sehr gut schmeckt der Beerentraum auch mit frischen Erdbeeren oder Himbeeren.

2 Portionen · geht schnell

250 g	Heidelbeeren
300 g	Magerquark
2 EL	fettreduzierter Frischkäse (max. 20 % Fett)
	etwas Sprudelwasser
	etwas Zitronensaft
	flüssiger Süßstoff nach Geschmack
1 EL	Mandelblättchen

Nährwerte pro Portion:

195 kcal, 23 g E, 4 g F, 16 g KH, 7 g Ba, 0,7 BE, 0,9 KE, 3 mg Chol.

MEHR WISSEN

Gesundes Beerenobst

Erdbeeren, Heidelbeeren (Blaubeeren), Stachelbeeren, Brombeeren, Holunder, Sanddorn, Johannisbeeren, Himbeeren und Preiselbeeren: Sie alle gehören zur Beerenobstgruppe. Ihre Hoch-Zeit sind die Sommermonate, hier sind sie besonders reich an Vitaminen und Mineralstoffen, wie z.B. Vitamin C und Kalium, Kalzium und Magnesium. Sekundäre Pflanzenstoffe für gute Blutfette, zur Stärkung des Immunsystems und als Schutzschild gegen Krebs, sind ebenso reichlich in Beeren enthalten. Dazu gehören z.B. der dunkelblaue Farbstoff in Brom- und Heidelbeeren (Anthocyan) oder Flavonoide in Himbeeren. Beerenobst ist sehr kalorienarm und ballaststoffreich. Deshalb fallen die Mengen pro BE/KE etwas größer aus als bei Apfel, Birne und Co. Hier können Sie zugreifen: 170 g (ca. 20 Stück) Heidelbeeren entsprechen 1 BE und 135 g (etwa 10 bis 15 Stück) 1 KE.

▲ Joghurtmousse mit Fruchtspiegel

Joghurtmousse mit Fruchtspiegel

2 Portionen · braucht etwas mehr Zeit

200 g	Joghurt	3	Blatt weiße Gelatine
2 EL	Zitronensaft	300 g	Himbeeren
1 EL	Streusüße (z. B. „Canderel“)	2	Minzezweige

- Den Joghurt mit dem Zitronensaft glatt rühren und mit Streusüße abschmecken. Die Gelatine in kaltem Wasser 10 Min. einweichen, anschließend gut ausdrücken und im Wasserbad auflösen. Wenn sie sich vollständig aufgelöst hat, die Schüssel aus dem Topf nehmen und 5 Esslöffel der Joghurtmasse einrühren. Dann den restlichen Joghurt hinzufügen.

- Die Creme in zwei kleine Förmchen gießen, abdecken und sofort für 2 bis 3 Stunden kalt stellen. Kurz vor dem Anrichten die Himbeeren abspülen und verlesen, vier Himbeeren beiseite legen. Die restlichen Früchte mit einem Pürierstab pürieren und, falls nötig, mit etwas Streusüße abschmecken. Die Minzezweige abspülen und trocken schütteln.

- Auf zwei Tellern einen Fruchtspiegel gießen. Die fest gewordene Joghurtmousse vorsichtig aus den Förmchen lösen und auf den Fruchtspiegel setzen. Mit den Himbeeren, dem restlichen Himbeerpüree und je einem Minzezweig garniert servieren.

Variante: Die Mousse können Sie auch mit roter Gelatine zubereiten und anstelle von Himbeeren Stachelbeeren oder Kiwi verwenden.

Nährwerte pro Portion:

130 kcal, 8 g E, 4 g F, 15 g KH, 10 g Ba, 1,2 BE, 1,5 KE, 15 mg Chol.

Pfirsichsalat mit Pistazien

2 Portionen · geht schnell

2	mittelgroße Pfirsiche (ca. 250 g)		flüssiger Süßstoff nach Geschmack
	etwas Zitronensaft	1 EL	Pistazienkerne, gehackt

- Die Pfirsiche abspülen, entkernen und der Länge nach in Spalten schneiden. Mit Zitronensaft und wenig Süßstoff marinieren und fächerartig auf zwei Tellern anrichten. Zum Servieren mit den gehackten Pistazien bestreuen.

Variante: Sie können anstelle von Pfirsichen auch Nektarinen oder feste Aprikosen verwenden.

Nährwerte pro Portion:

80 kcal, 3 g E, 2 g F, 13 g KH, 3 g Ba, 1 BE, 1 KE, 0 mg Chol.

Mousse au Chocolat

Ein absoluter Dauerbrenner ist dieser Traum aus zart schmelzender Schokolade.

4 Portionen · braucht etwas mehr Zeit

4	Eier
1	Tafel Zartbitterschokolade (100 g)
1 EL	Kokosfett
½	Fläschchen Rum-Aroma
30 g	Halbfettbutter
2–3 EL	Streusüße (z. B. „Canderel")
1 EL	Mandelblättchen
1 TL	Kakaopulver

- Die Eier trennen, das Eiklar zu steifem Schnee schlagen und kalt stellen. Die Schokolade in kleine Stücke brechen. In einem Topf Wasser zum Kochen bringen, die Schokolade in eine hitzebeständige Schüssel geben und in das Wasserbad stellen.

- Sobald die Schüssel im Wasserbad steht, die Herdplatte ausschalten, damit kein Wasser in die Schokolade spritzt. Die Schokolade unter ständigem Rühren schmelzen, dann das Kokosfett zugeben. Sobald alles geschmolzen ist, sofort aus dem Wasserbad nehmen.

- Das Rum-Aroma und die Butter in die Schokolade rühren. Eigelb und die Streusüße mit den Quirlen des Handrührgeräts zu einer cremigen Masse schlagen. Die geschmolzene Schokoladen-Butter-Masse unterrühren. Zuletzt das Eiweiß vorsichtig und gleichmäßig unter die Masse ziehen.

- Die Mousse in eine saubere, fest verschließbare Schüssel füllen und eine Nacht, mindestens aber 8 bis 10 Stunden im Kühlschrank ruhen lassen. Kurz vor dem Servieren die Mandelblättchen in einer Pfanne ohne Fett goldbraun rösten. Das Kakaopulver auf vier Teller sieben. Mit zwei Löffeln Nocken aus der Mousse stechen und auf die Teller setzen. Mit den gerösteten Mandelblättchen garniert servieren.

Variante: Die Mousse schmeckt auch sehr gut mit weißer Schokolade oder mit Vollmilchschokolade.

Nährwerte pro Portion:

285 kcal, 10 g E, 22 g F, 12 g KH, davon 11 g Zucker, 1 g Ba, 1 BE, 1,2 KE, 240 mg Chol.

Vanillecreme

Weltweit eines der bekanntesten Desserts: cremig leicht mit einem Hauch von Vanille.

€ 2 Portionen · preisgünstig

1	Vanilleschote
75 ml	fettarme Milch
75 ml	fettreduzierte Sahne (z. B. „Cuisine“ von Alpro)
2	Blatt weiße Gelatine
1	Eigelb
2 EL	Streusüße (z. B. „Canderel“)
1 EL	rote Konfitüre mit Süßstoff (kalorienreduziert)
1 EL	Pistazien, gehackt

- Die Vanilleschote längs aufschlitzen und das Mark herauskratzen. Die Milch und die Sahne in einen Topf geben und langsam erhitzen. Das Mark der Vanilleschote zugeben und zum Kochen bringen. Vom Herd nehmen und 5 Min. ziehen lassen. Die Gelatine in kaltem Wasser 10 Min. einweichen.

- Das Ei trennen, Eiklar zu steifem Schnee schlagen und kalt stellen. Das Eigelb mit der Streusüße mischen und mit den Quirlen des Handrührgeräts cremig schlagen. Nach und nach in die Vanillemilch einrühren. Bei niedriger Temperatur unter ständigem Rühren erhitzen, bis die Mischung eindickt – nicht kochen lassen! Vom Herd nehmen, in ein kaltes, sauberes Gefäß schütten und abkühlen lassen. Dabei immer wieder umrühren, damit sich keine Haut bildet.

- Die Gelatine gut ausdrücken und im Wasserbad auflösen. Wenn sie sich vollständig aufgelöst hat, die Schüssel aus dem Topf nehmen und 5 Esslöffel der Vanillecreme hineinrühren. Die Gelatine in die restliche Vanillemasse rühren und kalt stellen. Sobald die Creme beginnt zu gelieren, den Eischnee unterheben und 3 bis 4 Stunden abgedeckt im Kühlschrank erstarren lassen.

- Mit zwei Teelöffeln Nocken aus der Creme stechen und auf zwei Teller setzen. Die rote Konfitüre mit etwas lauwarmem Wasser glatt rühren und die Vanillecreme damit garnieren. Mit den gehackten Pistazien bestreut servieren.

Nährwerte pro Portion:

155 kcal, 6 g E, 12 g F, 5 g KH, 1 g Ba, 0,1 BE, 0,1 KE, 130 mg Chol.

Moccacreme

Sie suchen ein schnelles Dessert ohne großen Aufwand? Mit der Creme aus Kaffee Quark und Sahne werden Sie zum Dessertsprinter.

- Den Kaffee oder Espresso kochen und abkühlen lassen. Den Quark mit der Sahne glatt rühren. Die Streusüße und den erkalteten Kaffee mit dem Quark mischen und abschmecken. In zwei Gläser füllen und mit Kakaopulver bestreut servieren.

Tipp

Ein ideales Dessert für alle, die gerne Kaffee mögen. Dieses Dessert ist blitzschnell zubereitet. Wenn Sie es verfeinern oder abwandeln möchten, können Sie auch Bananenscheiben oder Sauerkirschen (ohne Zucker) und ein paar Schokoladenraspel zugeben.

Nährwerte pro Portion:

130 kcal, 18 g E, 4 g F, 5 g KH, 0 g Ba, 0 BE, 0 KE, 5 mg Chol.

2 Portionen · BE/KE-frei

50 ml	starker Kaffee oder Espresso
250 g	Magerquark
50 g	fettreduzierte Sahne (z. B. „Cuisine“ von Alpro)
1–2 EL	Streusüße (z. B. „Canderel“)
1 Msp.	Kakaopulver

MEHR WISSEN

Schützt Koffein vor Diabetes?

Immer wieder gibt es Meldungen, dass bestimmte Stoffe in Lebensmitteln vor Diabetes schützen können oder den Blutzucker senken. So wird auch dem Koffein nachgesagt, dass er ein Schutzschild gegen die Entstehung des Typ-2-Diabetes darstellt. Auch wenn es vereinzelte Studien dazu gibt, ist es nicht zu empfehlen, Kaffee im Austausch zu Wasser, Früchte- oder Kräutertee im Übermaß zu trinken. Bis zu drei bis vier normal große Tassen empfiehlt die Deutsche Gesellschaft für Ernährung (DGE) täglich. Echte Präventivmaßnahmen für gute Blutzuckerwerte bei Typ-2-Diabetes sind ein gesundes Körpergewicht und regelmäßige Bewegung.

Rote Grütze

Husch husch ins Töpfchen! Was sich da vermischt sind die Juwelen des Sommers. Eine Komposition aus Sauerkirschen, Himbeeren, Heidelbeeren und Erdbeeren – himmlisch.

2 Portionen · gelingt leicht

100 g	Heidelbeeren
100 g	Sauerkirschen (tiefgekühlt, ohne Zuckerzusatz)
100 g	Himbeeren (tiefgekühlt, ohne Zuckerzusatz)
100 g	Erdbeeren (tiefgekühlt, ohne Zuckerzusatz)
120 ml	Sauerkirschsaft, 100 % Frucht (ohne Zuckerzusatz)
2 EL	Vanillepuddingpulver (30 g)
1–2 EL	Streusüße (z. B. „Canderel“)
50 ml	fettreduzierte Sahne (z. B. Rama „Cremefine“)
1	Minzezweig

- Die Heidelbeeren abspülen und verlesen. Mit den Sauerkirschen, Himbeeren und Erdbeeren in einen Topf geben. Den Sauerkirschsaft dazugießen, vorher 5 Esslöffel abnehmen und das Puddingpulver damit glatt rühren. Das Obst mit dem Saft zum Kochen bringen und das angerührte Puddingpulver hineinrühren.
- So lange aufkochen lassen, bis die Mischung klar ist. Nach Geschmack mit etwas Streusüße abschmecken. Die gekühlte Sahne steif schlagen. Die Minze abspülen, trocken schütteln und von den Stielen zupfen.
- Die rote Grütze etwas abkühlen lassen und in zwei Schälchen füllen. Die Sahne in einen Spritzbeutel geben und eine Rosette auf jede Grütze spritzen. Mit den Minzeblättchen garniert servieren.

Nährwerte pro Portion:

210 kcal, 3 g E, 6 g F, 36 g KH, 8 g Ba, 3 BE, 3,5 KE, 10 mg Chol.

SO WIRD’S GEMACHT

Tiefkühlobst: praktisch in der schnellen Küche

Wenn Sie schell etwas Erfrischendes auf den Tisch bringen möchten, eignet sich dazu tiefgekühltes Obst sehr gut. Besonders Beerenfrüchte wie Erdbeeren, Johannisbeeren, Stachelbeeren oder Blaubeeren, aber auch Steinobst wie z. B. Kirschen lassen sich gut in Kombination mit Milchprodukten zubereiten. Achten Sie beim Kauf der Früchte darauf, dass sie nicht gezuckert sind, sondern nur den eigenen Fruchtzucker enthalten. Informationen dazu finden Sie in der Zutatenliste und der Nährwertanalyse auf der Verpackung.

Dessert-Handwerk

Pudding leicht und preiswert selbst gemacht

Pudding ist warm und pur ein Hochgenuss. Er eignet sich aber auch als Zutat für leckere Füllungen in Kuchen und Süßspeisen. Sie können Pudding ganz einfach und preisgünstig selbst kochen, ohne auf Diätprodukte zurückgreifen zu müssen. Dazu brauchen Sie herkömmliches Kochpuddingpulver (Vanille, Schoko, Mandel, Sahne oder Erdbeere), Milch und flüssigen Süßstoff. ½ l Milch wird nach Packungsanweisung erhitzt und ein kleiner Teil davon mit dem Puddingpulver angerührt. Den Zucker auf dem Rezept ersetzen Sie durch flüssigen Süßstoff. So liefert Ihnen das ganze Rezept 4,6 BE (500 ml Milch/2 BE plus 40 g/2,6 BE Puddingpulver). Wenn Sie Puddingpulver auswählen, achten Sie darauf, dass er zum Kochen ist, und zur Sicherheit lohnt auch ein Blick auf die Zutatenliste des Produktes.

So wird Sahne schön fest

Damit Sahne schön fest wird, sind ein paar einfache Grundregeln zu beachten. Ganz wichtig ist, dass Sie die Sahne kühlen, sonst wird sie nicht richtig steif. Die kalte Sahne wird am besten in einem sauberen hohen Gefäß geschlagen. Die Quirle des Handrührgeräts sollten ebenfalls sauber und fettfrei sein. Dann wird sie auf höchster Stufe geschlagen. Wenn Streusüße oder andere Zusätze in die Sahne gehören, diese erst einrieseln lassen, wenn sie bereits beginnt, fester zu werden. Wenn Sie mit den Quirlen Straßen in der Sahne ziehen können und sie auch am Boden des Gefäßes steif bleibt, ist sie fertig. Schlagen Sie jetzt weiter, flockt Sahne zu Butter aus. Wenn die geschlagene Sahne nicht direkt weiterverarbeitet wird, ist sie zugedeckt im Kühlschrank am besten aufgehoben.

Aspartam-Streusüße – kalorienarmes Süßen

Streusüße auf Aspartambasis ist ein idealer Zuckerersatz. Sie schmeckt angenehm süß, ohne leicht metallischen Nachgeschmack. 1 Teelöffel Streusüße hat das gleiche Volumen und die gleiche Süßkraft wie 1 Teelöffel Zucker. Dabei ist sie kalorienarm und nahezu kohlenhydratfrei (1 Teelöffel liefert 2 kcal und 0,04 BE). Streusüße auf Aspartambasis kommt zum Einsatz bei Obst, Joghurt, Müsli, Desserts sowie zum Süßen von Heiß- und Kaltgetränken. Sie eignet sich auch sehr gut als Puderzuckerersatz. Sie ist koch- und gefrierfest. Zum Backen von Keksen kann sie auch zum Einsatz kommen. Doch bei längeren Backzeiten und -temperaturen von über 180 Grad verliert Aspartam-Streusüße ihre Süßkraft. Alle streufähigen Produkte enthalten Maltodextrin, um das Produkt rieselfähig zu machen. Der Anteil ist jedoch so niedrig, dass er keine Auswirkung auf den Blutzuckerspiegel hat. Aspartam-Streusüße gibt es im Supermarkt, in Drogeriemärkten und Reformhäusern.

▶ Aspartam-Streusüße eignet sich prima für Cremes und Pudding und liefert keine BE.

Weihnachts-Bratäpfel

Advent Advent – die süße Lust entbrennt. All die guten Sachen sind hier vereint: Mandeln, Preiselbeeren, Zimt und Butter für Leib und Seele.

- Den Backofen auf 180 Grad (Gas Stufe 2 bis 3, Umluft 160 Grad) vorheizen. Die Äpfel abspülen und das Kerngehäuse mit einem Apfelausstecher entfernen. Die Preiselbeeren mit 1 Esslöffel Sud, Zimt und etwas flüssigem Süßstoff vermischen. 10 Min. ziehen lassen.

- Die gemahlenen Mandeln mit der Butter und den Preiselbeeren mischen. Die Äpfel in eine Auflaufform setzen und mit einem Teelöffel die Masse in die Äpfel füllen. Etwas Wasser angießen und im vorgeheizten Backofen 20 bis 30 Min. auf der mittleren Schiene braten.

Tipp

Sehr lecker dazu schmeckt selbst gekochte Vanillesauce. Die Bratäpfel sind ideal für die Adventskaffeetafel, wenn Sie es etwas kalorienärmer mögen.

Nährwerte pro Apfel:

160 kcal, 2 g E, 10 g F, 15 g KH, 4 g Ba, 1,4 BE, 1,5 KE, 10 mg Chol.

SO WIRD'S GEMACHT

So wird es ein gelungener Bratapfel

Für Bratäpfel eignen sich besonders gut etwas herbere oder säuerliche Apfelsorten, wie Braeburn oder Boskop. Sie können den Apfel auch nur mit etwas gemahlenen Mandeln oder Haselnüssen füllen und rote Konfitüre daraufsetzen. Ganz leicht lässt sich das Kerngehäuse mit einem Apfelausstecher entfernen. In Alufolie verpackt können Sie die Äpfel im Backofen garen. Lassen Sie die Äpfel nur nicht zu lange im Ofen, sonst fallen sie zusammen.

2 Portionen · gelingt leicht

2	mittelgroße Äpfel (ca. 250 g)
40 g	Preiselbeeren aus dem Glas, ohne Zuckerzusatz
1 Msp.	Zimt, gemahlen
	flüssiger Süßstoff nach Geschmack
2 EL	Mandeln, gemahlen
1 EL	Butter

Apfelpfannkuchen

Leerer Vorratsschrank und Hunger auf etwas Süßes? Für einen Pfannkuchen reicht das Mehl sicher noch aus. Schnell zaubern Sie aus dem Nichts eine leckere Nascherei oder einen süßen Hauptgang.

2 Portionen · preisgünstig

140 g	Weizenmehl
200 ml	Sprudelwasser
1	Prise Salz
2	Eier
1	mittelgroßer Apfel (150 g)
1 TL	Zitronensaft
1–2 EL	Streusüße (z. B. „Canderel")
1 TL	Zimt, gemahlen
1 EL	Sonnenblumenkernöl

- Mehl mit Sprudelwasser, Salz und Eiern zu einem glatten Teig verrühren und 15 Min. quellen lassen. Währenddessen den Apfel schälen, vom Kerngehäuse befreien, in feine Spalten schneiden und mit dem Zitronensaft beträufeln.
- Die Streusüße mit dem Zimt mischen. Das Öl in einer beschichteten Pfanne erhitzen und die Hälfte des Teiges gleichmäßig auf dem Pfannenboden verteilen. Die Hälfte der Apfelspalten auf dem Teig verteilen. Den Teig in der Pfanne gut rütteln, damit er sich vom Boden löst.
- Vorsichtig mit einem Pfannenwender auf die andere Seite drehen und goldbraun braten. Mit dem restlichen Teig und den Apfelspalten genauso verfahren. Warm servieren und mit Zimt und etwas Streusüße genießen.

Tipp

Sie können auch das Eigelb trennen und Eiklar zu Schnee schlagen. Dann geht der Pfannkuchen schön auf und schmeckt besonders leicht.

Nährwerte pro Portion:

405 kcal, 15 g E, 13 g F, 57 g KH, 4 g Ba, 4,2 BE, 5,5 KE, 240 mg Chol.

SO WIRD'S GEMACHT

Pfannkuchen einmal anders

Je der Pfannkuchen ausfällt, um so weniger BE/KE und Kalorien stecken in ihm. Sie können den Pfannkuchen auch nach dem Braten mit Apfelmus bestreichen, zusammen rollen und schräg in Stücke schneiden. Mit etwas Streusüße auf Aspartambasis bestreuen und ein paar Mandelblätter und etwas Zimtpulver bestäuben. Ein raffiniertes Dessert, ohne großen Aufwand.

Quarkkeulchen

Süß und saftig – am besten mit Apfelmus. Im Duett gehen sie locker als Hauptmahlzeit durch und darüber freuen sich besonders Kinder.

2 Portionen · preisgünstig

250 g	Kartoffeln, mehlig kochend
125 g	Magerquark
1	Ei
30 g	Weizenmehl
1	Prise Salz
½ TL	Zimt, gemahlen
	abgeriebene Schale von 1 Zitrone
	flüssiger Süßstoff nach Geschmack
1 EL	Maiskeimöl
1 EL	Streusüße (z. B. „Canderel“)

Tipp

Verwenden Sie für die Quarkkeulchen gekochte Kartoffeln vom Vortag. Sie lassen sich sehr gut reiben und fallen nicht so leicht auseinander. Wenn Sie es leicht mögen, reiben Sie die Kartoffeln ganz fein. Bevorzugen Sie den kartoffeligen Akzent, reiben Sie die Kartoffeln recht grob und mischen sie mit den restlichen Zutaten.

- Die Kartoffeln am Vortag in der Schale kochen und noch heiß pellen. Am Tag der Zubereitung fein reiben und mit Quark, Ei, Mehl, Salz, Zimt und Zitronenschale mischen. Mit flüssigem Süßstoff abschmecken. Falls der Teig etwas klebt, noch 1 Esslöffel Mehl (ca. 20 g entsprechen 1 BE) zugeben.

- Mit 1 Esslöffel teelöffelgroße Portionen abstechen und zu ovalen Keulchen formen. Das Öl in einer beschichteten Pfanne erhitzen und die Quarkkeulchen von allen Seiten goldbraun backen. Noch warm süßen und servieren.

Empfehlung: Quarkkeulchen kommen aus Sachsen und werden dort gern als süßer Hauptgang oder als Dessert verspeist. Zu ihnen schmeckt frisches Apfelmus oder Kompottobst (ohne Zucker).

Nährwerte pro Portion:

270 kcal, 16 g E, 9 g F, 31 g KH, 3 g Ba, 2,2 BE, 3 KE, 120 mg Chol.

Fruchtkaltschale

Fruchtalarm! Mit der Kaltschale wird selbst der heißeste Sommertag zu einer kühlen Erfrischung.

- Das Beerenobst leicht antauen lassen und mit einem Pürierstab pürieren. Das Fruchtmus durch ein Sieb streichen und mit flüssigem Süßstoff und etwas Zitronensaft abschmecken. Kefir mit dem Obstpüree mischen, auf zwei Suppenteller aufteilen und mit frischer Minze garniert servieren.

Nährwerte pro Portion:

185 kcal, 10 g E, 1 g F, 34 g KH, 1 g Ba, 2 BE, 2,3 KE, 0 mg Chol.

2 Portionen · geht schnell

300 g	Beerenobst (tiefgekühlt, ohne Zucker)
	flüssiger Süßstoff nach Geschmack
	Zitronensaft
500 ml	Kefir
2	Minzezweige

Kokosmilchreis mit Aprikosenpüree

Milchreis mag es, in Kokosmilch gekocht zu werden – denn das macht ihn so schön cremig.

- Die Kokosmilch aufkochen lassen. Den Milchreis, die halbe Zimtstange und etwas Salz zugeben. Den Reis auf kleiner Flamme 30 bis 40 Min. ausquellen lassen. Dabei mehrmals mit einer Gabel umrühren, damit er nicht klumpt oder anbrennt. Die Aprikosen gut abtropfen lassen, den Aprikosensaft dabei auffangen.

- Falls der Reis zu dick wird, den Aprikosensaft hinzufügen. Die Zimtstange aus dem Reis entfernen. Milchreis mit der Streusüße abschmecken. Die abgetropften Aprikosen mit einem Passierstab pürieren. Den Milchreis in zwei Schälchen füllen und mit dem Aprikosenpüree übergießen.

Variante: Der Kokosmilchreis schmeckt auch sehr gut in Kombination mit Sauerkirschen oder Pflaumenkompott (ohne Zusatz von Zucker).

Nährwerte pro Portion:

220 kcal, 4 g E, 1 g F, 48 g KH, 3 g Ba, 3 BE, 3,5 KE, 0 mg Chol.

2 Portionen · gelingt leicht

300 ml	Kokosmilch
80 g	Milchreis
½	Zimtstange
1	Prise Salz
1	kleines Glas Aprikosen, ohne Zucker (370 ml)
1–2 EL	Streusüße („Feine Süße“ von Natreen)

Pflaumenauflauf

Warm und würzig muss ein Pflaumenauflauf sein, damit sein Aroma voll zur Geltung kommt. Ein schöne Süßspeise für kalte Tage.

2 Portionen · preisgünstig

- 3 mittelgroße Pflaumen (ca. 110 g)
- 2 Eier
- flüssiger Süßstoff nach Geschmack
- 1 Päckchen Vanillezucker (12 g)
- Zimt, gemahlen
- 1 Prise Salz
- 4 EL Weizenmehl (40 g)
- 5 EL fettarme Milch

Nährwerte pro Portion:

220 kcal, 11 g E, 7 g F, 28 g KH, davon 8 g Zucker, 2 g Ba, 2 BE, 2,5 KE, 240 mg Chol.

- Den Backofen auf 180 Grad (Gas Stufe 2 bis 3, Umluft 160 Grad) vorheizen. Die Pflaumen abspülen, halbieren und entsteinen. Die Eier trennen und das Eiklar mit einer Prise Salz zu steifem Schnee schlagen und abgedeckt kühl stellen.
- Die Eigelbe mit Süßstoff und Vanillezucker schaumig schlagen. Anschließend den Zimt und das Salz zugeben. Das Mehl in die Eimasse rühren und die Milch mit dem Teig mischen. Zuletzt den kalten, steifen Eischnee vorsichtig unter den Teig heben.
- Die Hälfte des Teiges in eine Auflaufform füllen und die Pflaumenhälften darauf verteilen. Anschließend den restlichen Teig auf die Pflaumen geben und glatt streichen. Auf der mittleren Schiene 20 bis 25 Min. goldgelb backen.

Variante: Sie können den Auflauf auch sehr gut mit Äpfeln oder Sauerkirschen zubereiten.

SO WIRD'S GEMACHT

So wird aus Eiklar Eischnee

Das gallertartige Eiklar wird in vielen Rezepten gerne zu Eischnee verarbeitet, um den Teig zu lockern. Bei Soufflés ist geschlagenes Eiklar ein fester Bestandteil, ohne den die luftige Speise nicht möglich wäre. Damit aus Eiklar Eischnee wird, muss das Ei exakt getrennt werden. Auch wenn nur Spuren des Eigelbs zurückbleiben, wird es nicht richtig steif. Am besten lassen sich Eier trennen, wenn sie kalt sind. Zudem wird dann auch das Eiklar schneller steif. Die eingewirbelten Luftbläschen, die dem Eischnee sein Volumen geben, bleiben auch nach dem Schlagen in einem hohen Rührgefäß über Stunden erhalten. Geben Sie ins Eiklar eine Prise Salz, so wird der Schaum schön cremig. Eiklar ist steif, wenn Sie mit den Quirlen Straßen in den Schnee ziehen können. Wird er nicht sofort weiterverarbeitet, empfiehlt es sich, Eischnee abgedeckt im Kühlschrank aufzubewahren.

Kuchen, Gebäck und Brot

Kirschtorte

In einem krossen Mürbeteig werden die Schattenmorellen gekonnt in Szene gesetzt. Vorhang auf für eine fruchtig-frische Kuchenkreation.

12 Stücke · braucht etwas mehr Zeit

Teig:

100 g	Weizenmehl
½ TL	Backpulver
2 EL	Mandeln, gemahlen
50 g	eiskalte Butter
1	Fläschchen Buttervanille-Aroma
1	Prise Salz
1	Ei
1 EL	flüssiger Süßstoff

Füllung:

1	kleines Glas Schattenmorellen (ohne Zuckerzusatz, 370 ml)
50 g	Mandeln, gemahlen
2	Eier
1 EL	Streusüße (z. B. „Feine Süße" von Natreen)
15	Tropfen flüssiger Süßstoff
1 EL	Weizenmehl (10 g)
½ TL	Backpulver
2 EL	Mandelblättchen

- Das Mehl mit dem Backpulver und den gemahlenen Mandeln mischen. Die eiskalte Butter in Stückchen schneiden und zum Mehl geben. Aroma, Salz und Ei und den flüssigen Süßstoff zugeben. Mit den Knethaken des Handrührgeräts erst 3 Min., dann mit den Händen kräftig durchkneten, so dass ein geschmeidiger Mürbeteig entsteht.

- Den Teig in Frischhaltefolie gewickelt 1 Stunde im Kühlschrank ruhen lassen. Die Schattenmorellen abtropfen. Den Backofen auf 175 Grad (Gas Stufe 2, Umluft 160 Grad) vorheizen. Eine kleine Springform (22 cm Ø) mit Backpapier auslegen.

- Den Teig zwischen zwei Lagen Frischhaltefolie mit einem Nudelholz dünn ausrollen. Den Boden der Form dünn und gleichmäßig mit dem Mürbeteig auslegen. Aus dem restlichen Teig einen 3 bis 4 cm hohen Rand formen und die Seitenwände der Form damit auskleiden. Den Teig mit einer Gabel mehrmals einstechen und den Boden mit der Hälfte der gemahlenen Mandeln bestreuen.

- Die gut abgetropften Schattenmorellen auf dem Mürbeteig verteilen. Die Eier trennen und das Eiklar zu steifem Schnee schlagen. Die Eigelbe mit 1 Esslöffel warmem Wasser, der Streusüße und dem flüssigen Süßstoff aufschlagen.

- Den Eischnee mit Mehl, Backpulver und dem restlichen Mandelmehl vorsichtig mischen. Mit der aufgeschlagenen Eigelbmasse mischen und auf den Kirschen verteilen. Mit den Mandelblättchen bestreuen und im vorgeheizten Ofen in 30 bis 40 Min. backen.

Variante: Die Torte schmeckt auch sehr gut mit Pflaumen oder Stachelbeeren aus dem Glas (ohne Zuckerzusatz).

Nährwerte pro Stück (bei 12 gesamt):

160 kcal, 4 g E, 10 g F, 13 g KH, 1 g Ba, 1 BE, 1,3 KE, 70 mg Chol.

Nusskranz

Der Nusskranz ist nicht nur zur Weihnachtszeit ein Gedicht, obwohl er für mich zu Weihnachten gehört, wie die Kugeln zum Baum. Kein Backstress: Der Kuchen lässt sich gut auf Vorrat backen.

12 Stücke · braucht etwas mehr Zeit

Teig:

150 g	Magerquark
6 EL	Sonnenblumenöl
1	Ei
5 ml	flüssiger Süßstoff
1	Fläschchen Rum-Aroma
1	Prise Salz
300 g	Weizenmehl
1	Päckchen Backpulver

Füllung:

200 g	Mandeln, gemahlen
50 g	Zucker
4 ml	flüssiger Süßstoff
½	Fläschchen Bittermandelöl
3	Eier
2 EL	fettarme Milch

- Den Backofen auf 180 Grad (Gas Stufe 2 bis 3, Umluft 160 Grad) vorheizen. Den Quark mit Öl, Ei, dem flüssigen Süßstoff, Rum-Aroma und Salz verrühren. Das Mehl mit dem Backpulver mischen und löffelweise in die Masse geben. Zu einem geschmeidigen Teig verarbeiten.

- Den Teig zwischen zwei Lagen Frischhaltefolie mit einem Nudelholz in Form eines Rechtecks ausrollen. Für die Füllung die gemahlenen Mandeln mit Zucker, dem Süßstoff und Bittermandelöl mischen. 2 Eier trennen und das Eiklar zu steifem Schnee schlagen.

- Die Eigelbe mit der Nussmasse mischen und den Eischnee vorsichtig unterheben und so viel Wasser zugeben, dass die Masse glatt und geschmeidig wird. Die Füllung gleichmäßig auf dem ausgerollten Teig verteilen. Den Teig von der längeren Seite aufrollen und beide Enden zu einem Kranz miteinander verbinden.

- Ein Backblech mit Backpapier auslegen und den Kranz darauflegen. Das Ei trennen, das Eigelb mit der Milch mischen und den Nusskranz damit bepinseln. Auf der mittleren Schiene 30 bis 40 Min. backen. Während des Backens reißt die Oberfläche des Kranzes leicht auf.

Tipp

Wenn Sie den gut ausgekühlten Nusskranz in Alufolie wickeln, hält er sich bis zu zwei Wochen. Sie können ihn auch in Stücke schneiden und portionsweise einfrieren.

Nährwerte eines ganzen Kranzes:

3245 kcal, 111 g E, 193 g F, 266 g KH, davon 50 g Zucker, 33 g Ba, 22 BE, 26,6 KE, 910 mg Chol.

Nährwerte pro Stück mit 25 g (bei 12 gesamt):

85 kcal, 3 g E, 5 g F, 7 g KH, davon 1 g Zucker, 1 g Ba, 0,5 BE, 0,7 KE, 25 mg Chol.

Pfirsich-Aprikosen-Streuselkuchen

Beliebter Klassiker: Auf einem locker leichten Boden betten sich fruchtige Pfirsiche und Aprikosen und werden gekrönt von köstlichem Streusel.

12 Stücke · gelingt leicht

Teig:

60 g	Margarine
2 ml	flüssiger Süßstoff
2	Eier
125 g	Weizenmehl
1 TL	Backpulver

Füllung:

135 g	Aprikosen
140 g	Pfirsich, ohne Stein
2 EL	Haselnüsse, gemahlen

Streusel:

10 EL	Weizenmehl (100 g)
2 EL	Zucker (20 g)
50 g	Butter

- Den Backofen auf 180 Grad (Gas Stufe 2 bis 3, Umluft 160 Grad) vorheizen. Für den Teig die weiche Margarine mit Süßstoff, Eiern, Mehl und Backpulver zu einem glatten Teig kneten. Den Teig in Frischhaltefolie gewickelt ½ Stunde im Kühlschrank ruhen lassen. Den Boden einer kleinen Springform (22 cm Ø) mit Backpapier auslegen.

- Aprikosen und den Pfirsich abspülen, entsteinen und in Spalten schneiden. Den Teig aus dem Kühlschrank nehmen und zwischen zwei Lagen Frischhaltefolie mit dem Nudelholz ausrollen. Den Boden der Springform mit dem Teig auslegen und mehrmals mit einer Gabel einstechen. Die Aprikosen- und Pfirsichhälften fächerartig auf dem Boden verteilen.

- Die gemahlenen Haselnüsse darüberstreuen. Für den Streuselteig das Mehl mit Zucker und Butter verkneten. Mit den Händen zu Streuseln verarbeiten und über das Obst streuen. Auf der mittleren Schiene 30 bis 40 Min. backen.

Tipp

Wenn Sie keine frischen Früchte bekommen, können Sie tiefgekühlte Früchte, oder Kompottobst aus dem Glas (ohne Zuckerzusatz) verwenden. Streuselteig können Sie bis zu drei Tage luftdicht verschlossen im Kühlschrank aufbewahren. Er lässt sich prima mit Apfelwürfeln oder Beerenobst als Tassenportion backen.

Nährwerte pro Stück (bei 12 gesamt):

175 kcal, 4 g E, 10 g F,17 g KH, davon 3 g Zucker, 1 g Ba, 1,4 BE, 1,7 KE, 50 mg Chol.

Backen – mit und ohne Zucker

Zucker: trotz Diabetes kein Problem

Trotz Diabetes können Sie heute auch kleine Mengen von herkömmlichem Zucker (Saccharose) zum Backen verwenden. Gerade bei Teigen, bei denen Eigelb schaumig geschlagen wird, z. B. Rührteig oder Biskuitteig, gibt der Zucker das nötige Volumen.
Auch Plätzchenteige werden saftiger, wenn Sie einen Teil Zucker mit Süßstoff kombinieren. Die Deutsche Diabetes Gesellschaft (DDG) schreibt in ihren Leitlinien zur Ernährung, dass etwa 10 Prozent der täglichen Kalorien über gezuckerte Lebensmittel wie Kekse, Kuchen, Schokolade oder Joghurt mit Zucker gegessen werden können – nicht müssen! Hilfe für die Kohlenhydratberechnung: 1 BE Zucker = 12 g, 1 KE Zucker = 10 g, oder 1 Esslöffel. Voraussetzung für die Verwendung von Zucker ist die Kenntnis über Berechnung und Wirkung auf den Blutzuckerspiegel. Dann spricht nichts gegen ein Stück normal gezuckerten Kuchen oder ein paar Plätzchen. Wenn Sie lieber mit Fruchtzucker backen, können Sie den Zucker im Rezept durch die gleiche Menge Fruchtzucker austauschen.

Backen und Dosieren mit Süßstoff

Flüssiger Süßstoff eignet sich sehr gut zum Backen von Torten, Kuchen und Plätzchen. Er ist jedoch weitaus stärker und konzentrierter in seiner Süßkraft als Zucker. Deshalb ist es ratsam, die Dosierung in kleinen Schritten vorzunehmen und lieber nach dem Abschmecken noch einmal nachzusüßen als von vornherein den Teig zu übersüßen. Das Abschmecken lohnt in jedem Fall, denn der Eigengeschmack der Lebensmittel (z. B. aus Obst) kann auch zum süßen Gesamtergebnis des Teiges beitragen. Süßstoff ist kalorienfrei, liefert keine BE/KE, ist hitze- und kältebeständig. Tipp für die Dosierung: 3,5 bis 4 ml flüssiger Süßstoff entspricht der Menge von 50 g Zucker. Kleine Messbecher für die Dosierung von Süßstoff werden häufig mit den Flaschen angeboten, oder Sie wiegen diese Menge auf einer digitalen Küchenwaage ab.

Streuseltörtchen

Selbst für diejenigen, die sich nicht für begnadete Bäcker oder Konditoren halten – die Streuseltörtchen kriegen auch Ungeübte hin!

2 Portionen · gelingt leicht

75 g	Tiefkühlbeeren
5	Tropfen flüssiger Süßstoff
6 EL	Weizenmehl (60 g)
1 EL	Zucker (10 g)
1	Päckchen Vanillezucker (10 g)
40 g	Butter
½	Fläschchen Buttervanille-Aroma
25 g	Mandeln, gemahlen
	etwas flüssiger Süßstoff
2	feuerfeste Tarteförmchen

Tipp

Sie können den Streuselteig auch mit gemahlenen Haselnüssen anstelle von Mandeln zubereiten.

- Den Backofen auf 200 Grad (Gas Stufe 3, Umluft 180 Grad) vorheizen. Die Beeren mit flüssigem Süßstoff in einer Schüssel mischen. Das Mehl mit Zucker, Vanillezucker, Butter, Buttervanille-Aroma und den gemahlenen Mandeln erst mit den Knethaken des Handrührgeräts verrühren, dann schnell mit den Händen zu einem Streuselteig kneten, abschmecken und, falls nötig, noch etwas Süßstoff zugeben.

- Die Beerenmischung gleichmäßig in die beiden Minitarteformen geben und mit der Streuselmasse bestreuen. Im Ofen auf der oberen Schiene 15 bis 25 Min. backen, bis die Streusel leicht gebräunt sind. Die Tarteförmchen aus dem Ofen nehmen und noch lauwarm servieren.

Nährwerte pro Törtchen (bei 2 gesamt):

375 kcal, 6 g E, 24 g F, 34 g KH, davon 11 g Zucker, 5 g Ba, 2,8 BE, 3,4 KE, 50 mg Chol.

SCHÖNER ESSEN

Aus eins mach ganz viele: Varianten des Streuseltörtchens

Neben Beeren schmeckt so ein Streuseltörtchen auch sehr gut mit gewürfelten Äpfeln oder Birnen, die mit einem Hauch Zimt abgeschmeckt wurden. Aber auch klein geschnittene Mango oder Pflaumen sind leckere Obstsorten, die dazu passen. Und sogar pikant können Sie die Törtchen zubereiten. Lassen Sie Süßstoff, Vanillezucker und Zucker weg, geben dafür eine Prise Salz und Paprikapulver dazu. Anstelle von Obst können Sie aber auch fein gewürfelte Paprika oder Zucchini verwenden. Eine sehr raffinierte Idee – perfekt, wenn Sie Ihre Gäste überraschen möchten.

Schoko-Muffins mit Walnüssen

Meine Lieblings-Muffins dürfen auf keiner Geburtstagsparty oder großen Kaffeetafel fehlen. Schnell gemacht und genau richtig für Schokoladenfans!

6 Stück · gelingt leicht

35 g	Sonnenblumenöl
40 g	Zucker
4 ml	flüssiger Süßstoff
1 TL	Vanillezucker (5 g)
½	Fläschchen Buttervanille-Aroma
1	Ei
100 ml	fettarme Milch
½ TL	Essig
15 EL	Weizenmehl (150 g)
1 TL	Backpulver
1	Prise Salz
4 EL	Kakaopulver
50 g	Walnüsse
6	Papierbackförmchen

Nährwerte pro Schoko-Muffin (bei 6 gesamt):

265 kcal, 7 g E, 14 g F, 28 g KH, davon 9 g Zucker, 4 g Ba, 2,3 BE, 2,8 KE, 40 mg Chol.

Tipp

Dank des Kakaopulvers schmecken die Muffins sehr kräftig nach Schokolade und sind bei Kindern und Schokoladenfans sehr beliebt. Sie können in den Teig auch ein paar abgetropfte Schattenmorellen (ohne Zuckerzusatz) geben oder anstelle von Walnüssen gehackte Pistazien verwenden.

- Den Backofen auf 180 Grad (Gas Stufe 2 bis 3, Umluft 160 Grad) vorheizen. In jede Mulde des Muffinblechs ein paar Tropfen Wasser setzen und die Backförmchen am Boden andrücken. Das Öl mit Zucker, Süßstoff, Vanillezucker, Buttervanille-Aroma und dem Ei zu einer glatten Masse rühren. Milch und Essig hinzufügen.

- Das Mehl mit Backpulver, Salz und dem Kakaopulver mischen und löffelweise unter die Fettmasse rühren. Den Teig abschmecken und, falls nötig, noch etwas flüssigen Süßstoff zugeben. Die Walnüsse grob hacken und mit dem Schokoteig mischen.

- Den Teig gleichmäßig auf die Förmchen verteilen. Auf der mittleren Schiene 20 Min. backen. Anschließend aus dem Ofen nehmen und 5 Min. im Backblech ruhen lassen. Dann die kompletten Förmchen aus dem Blech nehmen und die Muffins auf eine Platte setzen und noch lauwarm genießen.

MEHR WISSEN

Kleine Warenkunde: Walnüsse

Die in der mediterranen Küche hoch geschätzte Walnuss besteht zu 60 Prozent aus hochwertigem Öl, davon überwiegend aus mehrfach ungesättigten und zu einem Fünftel aus einfach ungesättigten Fettsäuren. Beide Fettsäuren sind für den menschlichen Körper essentiell, d. h. lebenswichtig, da er sie nicht selbst herstellen kann. Neben diesen guten Fetten, liefern Walnüsse viel Kalium und Kalzium. Walnussöl schmeckt fein und passt gut zu zarten Salaten wie Feld- oder Eichblattsalat. Zum Kochen eignet sich das Walnussöl nicht, denn bei starker Erhitzung werden die hochwertigen Fettsäuren weitgehend zerstört. Walnüsse legt man in Südeuropa und im mittleren Osten in Honig ein und isst sie mit Naturjoghurt.

Haferflockenplätzchen

Herrlich nussig mit krossem Biss und dabei so schnell gebacken. Da macht die Plätzchenküche Spaß.

- Den Backofen auf 180 Grad (Gas Stufe 2 bis 3, Umluft 160 Grad) vorheizen. Ei, Butter, Zucker, Süßstoff, Zimt und Buttervanille-Aroma mit den Quirlen des Handrührgeräts zu einer schaumigen Masse verrühren. Die Haferflocken mit dem Backpulver mischen, unter die Butter-Ei-Masse rühren und zum Schluss die gemahlenen Haselnüsse zugeben.

- Ein Backblech mit Backpapier auslegen. Mit einem Teelöffel 30 gleich große Häufchen abstechen und diese zu je 8 bis 9 Stück pro Reihe auf das Blech setzen. Die Plätzchen vor dem Backen mit Milch bepinseln und auf der mittleren Schiene 10 bis 15 Min. backen.

Nährwerte pro Haferflockenplätzchen (bei 30 gesamt):

75 kcal, 1 g E, 5 g F, 6 g KH, davon 2 g Zucker, 0 g Ba, 0,5 BE, 0,6 KE, 15 mg Chol.

SO WIRD'S GEMACHT

Buttergeschmack im Gebäck: leicht gemacht

Wenn Sie lieber Margarine statt Butter in Kuchenteigen verarbeiten und trotzdem nicht auf den typischen Buttergeschmack verzichten möchten, können Sie ½ bis 1 Fläschchen (je nach Geschmack) Buttervanille-Aroma in den Teig geben. Verwenden Sie Butter, können Sie das Aroma trotzdem verwenden – es unterstreicht den Buttergeschmack im Gebäck zusätzlich.

30 Stück · preisgünstig

1	Ei
100 g	Butter
50 g	Zucker
5 ml	flüssiger Süßstoff
½ TL	Zimt
½	Fläschchen Buttervanille-Aroma
200 g	kernige Haferflocken
1 TL	Backpulver
5 EL	Haselnüsse, gemahlen
5 EL	fettarme Milch

Tipp

Sie können dem Teig auch ein paar gehackte Pistazien beimischen. Das unterstreicht die nussige Note der Haferflocken.

Saure-Sahne-Kekse

Was macht das gewisse Etwas von Keksen aus? In diesem Fall der mürbe Geschmack und die zarte Süße beim Biss in die Saure-Sahne-Komposition.

30 Stück · preisgünstig

15 EL	Weizenmehl (150 g)
1	Päckchen Vanillezucker (12 g)
75 g	saure Sahne
75 g	Margarine
2 EL	fettarme Milch
5 EL	Zucker (50 g)

- Das Mehl mit dem Vanillezucker, der sauren Sahne und Margarine zu einem glatten Teig verarbeiten. In Frischhaltefolie gewickelt 1 Stunde im Kühlschrank ruhen lassen. Den Backofen auf 180 Grad (Gas Stufe 2 bis 3, Umluft 160 Grad) vorheizen. Den Teig zwischen zwei Lagen Frischhaltefolie mit einem Nudelholz dünn ausrollen.

- Mit einem Plätzchenausstecher 30 Plätzchen ausstechen. Zwei Backbleche mit Backpapier auslegen und die Plätzchen daraufsetzen. Jedes Plätzchen mit Milch bepinseln und mit etwas Zucker bestreuen. Auf der zweiten und dritten Schiene von unten etwa 10 bis 13 Min. backen.

Wichtig: Die Plätzchen sollen leicht goldgelb sofort aus dem Ofen genommen werden und auf einem Kuchengitter abkühlen. Wenn sie zu spät aus dem Ofen kommen, schmecken sie schnell trocken.

Nährwerte Saure-Sahne-Keks (bei 30 gesamt):

45 kcal, 1 g E, 2 g F, 6 g KH, davon 2 g Zucker, 0 g Ba, 0,5 BE, 0,6 KE, 1 mg Chol.

Terrassentaler

Aus eins mach zwei: Terrassentaler sind etwas ganz Besonderes für Keksliebhaber – und das auch im Sommer oder zu Ostern.

- Aus Mehl, Backpulver, Zucker, Süßstoff, Vanillezucker, Ei und der Margarine einen glatten Mürbeteig kneten. Den Teig, in Frischhaltefolie gewickelt, 1 Stunde im Kühlschrank ruhen lassen. Den Backofen auf 180 Grad (Gas Stufe 2 bis 3, Umluft 160 Grad) vorheizen. Zwei Backbleche mit Backpapier oder mit backfester Silikonbackfolie auslegen.

- Den Teig zwischen zwei Lagen Frischhaltefolie dünn ausrollen. Plätzchen in zwei verschiedenen Größen, aber gleicher Form ausstechen. Im Backofen etwa 15 Min. backen. Aus dem Ofen nehmen, kurz abkühlen lassen und die Oberseite der größeren Plätzchen dünn mit Konfitüre bestreichen und je ein kleineres Plätzchen daraufsetzen, so dass sie wie Terrassen oder Doppeldecker aussehen.

Variante: Wollen Sie bei Kindern punkten, verwenden Sie anstelle der Konfitüre Nuss-Nougat-Creme.

Nährwerte pro Terrassentaler (bei 25 gesamt):

60 kcal, 1 g E, 2 g F, 9 g KH, davon 0 g Zucker, 0 g Ba, 0,7 BE, 0,9 KE, 10 mg Chol.

25 Stück · braucht etwas mehr Zeit

280 g	Weizenmehl
½ TL	Backpulver
5 EL	Zucker (50 g)
4 ml	flüssiger Süßstoff
1 EL	Vanillezucker (10 g)
1	Ei
125 g	Halbfettmargarine
60 g	Johannisbeerkonfitüre (mit Süßstoff)

SO WIRD'S GEMACHT

Backpapier: fettarmer Helfer beim Backen

Die Verwendung von Backpapier ist eine gute Möglichkeit, Fett zu sparen. Springformen und Backbleche können einfach, hygienisch und schnell mit Backpapier ausgelegt werden. Damit das Papier auf dem Blech und in der Form besser haftet, geben Sie ein paar Tropfen kaltes Wasser auf das Blech oder die Form, bevor das Papier darauf kommt. Eine weitere Alternative sind hitzebeständige Silikonbackunterlagen. Sie werden einfach auf das Blech gelegt. Sie sind wiederverwendbar und lassen sich nach dem Backen einfach säubern.

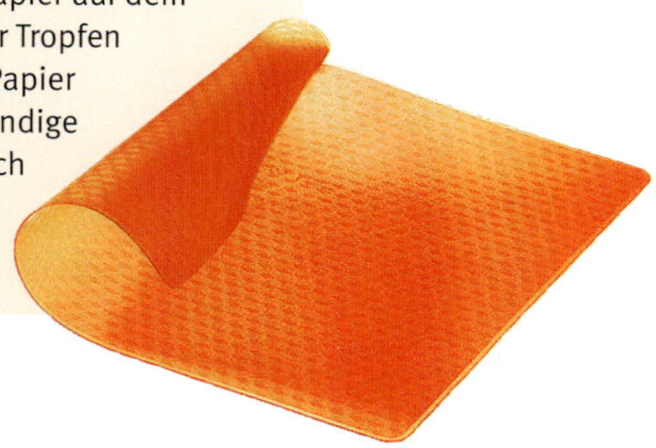

Schnelle Frühstücksbrötchen

Meine absoluten Lieblingsbrötchen, die ich regelmäßig backe. Und dabei immer wieder anders. Ein tolles Rezept, das sicher auch bei Ihnen ganz schnell die Runde machen wird.

8 Brötchen · geht schnell

2	Eier
200 g	Magerquark
250 g	Weizenmehl, Type 1050
150 g	Vollkorn-Haferflocken
1	Prise Salz
½	Päckchen Backpulver
2 EL	Sonnenblumenkerne

- Den Backofen auf 180 Grad (Gas Stufe 2, Umluft 160 Grad) vorheizen. Die Eier schaumig schlagen und den Quark unterrühren. Das Vollkornmehl, die Haferflocken, Salz und Backpulver mischen. Zu der Eiermasse geben und gut durchkneten. Aus dem Teig 8 gleich große Brötchen formen.

- Ein Backblech mit Backpapier oder einer Silikonbackunterlage auslegen. Die Brötchen auf das Blech setzen, die Oberseite der Brötchen mit Wasser einpinseln und mit den Sonnenblumenkernen bestreuen. Dabei die Kerne auf der Brötchenoberfläche andrücken, damit sie nach dem Backen nicht abfallen. Auf der mittleren Schiene 20 bis 25 Min. goldgelb backen.

Variante: Sie können den Teig auch mit hellem Mehl und etwas flüssigem Süßstoff zu süßen Frühstücksbrötchen verarbeiten.

Tipp

Damit die Brötchen außen knusprig und innen locker backen, setzen Sie eine mit Wasser gefüllte, feuerfeste Tasse während des Backens auf das Blech.

Nährwerte pro Brötchen (bei 8 gesamt):

220 kcal, 12 g E, 5 g F, 32 g KH, 4 g Ba, 2,6 BE, 3,2 KE, 60 mg Chol.

SCHÖNER ESSEN

Steckbrief Backpulver

Backpulver ist ein klassisches und seit Jahrhunderten beliebtes Backtriebmittel. Ohne Backpulver bleibt der Rührkuchen fest und klumpig und auch die Konsistenz der Frühstücksbrötchen ließe zu wünschen übrig. Viele Köche greifen gerne zu Backpulver. Das weiße Pulver besteht aus Weinsteinsäure und Substanzen, die Kohlendioxid frei setzen. Dazu gehören Natron (Natriumhydrogenkarbonat), Hirschhornsalz (Ammoniumkarbonat) und Pottasche (Kaliumkarbonat).

Gewürzbrot

Dieses Brot ist so lecker, dass Sie sich den Wurst- oder Käsebelag sparen können.

€ 1 Brot · preisgünstig

250 g	Weizenmehl, Type 550
250 g	Weizenvollkornmehl
1	Würfel Hefe
4 EL	warme fettarme Milch
5 EL	Olivenöl
2	Eier
½ TL	Kräuter-Jodsalz
1	Prise Muskatnuss, frisch gerieben
1 TL	Anissamen
½ TL	Fenchelsamen
5 EL	Dill, getrocknet
1 TL	Rosmarin, getrocknet

- Den Backofen auf 50 Grad vorheizen (Gas Stufe 1, Umluft 50 Grad). Die beiden Mehlsorten in eine Schüssel geben. In die Mitte eine Mulde drücken und die Hefe hineinbröckeln. Die warme Milch in die Mulde gießen und mit ein wenig Mehl zu einem Vorteig verrühren. Den Vorteig mit Mehl bestäuben, mit einem Küchentuch abdecken und im Ofen 20 bis 30 Min. gehen lassen.

- In der Zwischenzeit das Öl mit den Eiern, Salz, Muskat, Anis- und Fenchelsamen sowie den getrockneten Kräutern verrühren. Mit dem Vorteig mischen und zu einem glatten Brotteig kneten. Den Teig mit den Knethaken des Handrührgeräts so lange bearbeiten, bis er Blasen wirft. Den Teig mit einem Küchentuch abdecken und ein zweites Mal für ca. 20 bis 30 Min. in den warmen Ofen stellen.

- Den Teig in eine beschichtete Brotkastenform geben (wenn Sie keine spezielle Brotform besitzen, können Sie auch eine mit wenig Öl eingefettete große Kastenform verwenden) und den Teig in der Form weitere 20 Min. gehen lassen. Anschließend den Backofen auf 180 Grad (Gas Stufe 2 bis 3, Umluft 160 Grad) hochschalten.

- Das Brot mit etwas Wasser bepinseln und mit ein paar Anis- und Fenchelsamen bestreuen. Auf der unteren Schiene 40 bis 50 Min. backen. Nach Ende der Backzeit mit einem Holzspieß in die Mitte des Brotes stechen. Bleibt noch etwas Teig am Spieß kleben, das Brot weitere 5 bis 10 Min. im Ofen backen. Haftet kein Teig mehr fest, das Brot aus dem Ofen nehmen und in der Form auskühlen lassen.

Variante: Sie können dem Brot auch getrocknete, in Streifen geschnittene Tomaten zugeben. Das gibt eine fruchtig-würzige Note.

Nährwerte pro Scheibe (50 g):

160 kcal, 5 g E, 5 g F, 24 g KH, 2 g Ba, 2 BE, 2,4 KE, 35 mg Chol.

Zwiebelbrot

Herzhaft und würzig: Das Zwiebelbrot ist eine wahre Wucht – zum Frühstück, zwischendurch, mittags und abends.

- Die Zwiebeln abziehen, halbieren und in feine Ringe schneiden. Das Öl in einer Pfanne erhitzen, die Zwiebeln darin glasig dünsten und die Kümmelkörner mit den Zwiebeln mischen. Aus der Pfanne nehmen und beiseite stellen. Die beiden Mehlsorten mit dem Salz mischen und in eine Schüssel geben.

- In die Mitte eine Mulde drücken und den Trockensauerteig und die Trockenhefe hineingeben. 325 ml lauwarmes Wasser hinzufügen und mit den Knethaken des Handrührgeräts zu einem glatten Teig verarbeiten. Den Teig mit einem Küchentuch abdecken und 40 Min. an einem warmen Ort gehen lassen.

- Anschließend sorgfältig kneten und die Zwiebeln einarbeiten. Den Teig zu einer Rolle formen und in eine beschichtete Kastenform legen (wenn Sie keine spezielle Brotform besitzen, können Sie auch eine mit wenig Öl eingefettete Kastenform verwenden). Den Teig in der Form weitere 30 Min. gehen lassen.

- Den Backofen auf 200 Grad (Gas Stufe 3, Umluft 180 Grad) vorheizen. Das Brot mit Wasser einpinseln und auf der unteren Schiene etwa 50 Min. backen. Eine feuerfeste Schale mit kaltem Wasser zum Brot stellen. Nach Ende der Backzeit mit einem Holzspieß in die Mitte des Brotes stechen. Bleibt noch etwas Teig am Spieß kleben, das Brot weitere 5 bis 10 Min. backen. Haftet kein Teig mehr am Holzstäbchen, das Brot aus dem Ofen nehmen und in der Form auskühlen lassen.

Nährwerte pro Scheibe (50 g):

110 kcal, 3 g E, 1 g F, 22 g KH, 3 g Ba, 1,8 BE, 2,2 KE, 0 mg Chol.

1 Kastenbrot · braucht etwas mehr Zeit

4	Zwiebeln
1 EL	Olivenöl
2 TL	Kümmelkörner
300 g	Roggenmehl (Type 997)
200 g	Weizenvollkornmehl
1 TL	Salz
15 g	Trockensauerteig
12 g	Trockenhefe

SO WIRD'S GEMACHT

Lockeres Brot muss kein Geheimnis sein

Es gibt verschiedene Wege, Brotteige zu lockern. Die bekanntesten Backtriebmittel sind Hefe und Sauerteig. Die Hefepilze und Milchsäurebakterien aus dem Sauerteig sind erwünschte Mikroorganismen, die durch ihre Enzyme den im Mehl enthaltenen Zucker in Kohlensäure und Alkohol spalten. Das entstandene Gas bildet Bläschen und sorgt dafür, dass der Teig aufgeht. Ohne diese Backtriebmittel würde der Teig ein schwer verdaulicher Kloß bleiben. Frische Hefe oder Trockenhefe wird meistens für die Herstellung von Weizenbrot und Sauerteig für Roggenbrote eingesetzt.

Weihnachtliches Früchtebrot

Pflaumen, Aprikosen, Mandeln, gespickt mit Rum und Haselnüssen. Das sind die Geheimnisse, die ein gutes Früchtebrot ausmachen.

20 Scheiben · gelingt leicht

100 g	getrocknete Pflaumen, ohne Stein
100 g	getrocknete Aprikosen, ohne Stein
50 g	Zucker
3	Eier
3 ml	flüssiger Süßstoff
135 g	Instant-Haferflocken
1 TL	Backpulver
1	Fläschchen Rum-Aroma
100 g	Haselnüsse, gemahlen
100 g	Mandeln, gemahlen
1 EL	Margarine

MEHR WISSEN

Gesundes Früchtebrot

Wenn Sie das Früchtebrot eine Woche in Alufolie fest verpackt liegen lassen, hat es seinen geschmacklichen Höhepunkt erreicht. Und es ist sogar weitaus gesünder und kalorienfreundlicher als Stollen und Co. Denn Trockenobst schenkt dem Brot seine natürliche Fruchtsüße und liefert eine gesunde Portion Ballaststoffe.

- Den Backofen auf 170 Grad (Gas Stufe 2, Umluft 150 Grad) vorheizen. Die Pflaumen und Aprikosen mit einem großen Messer hacken und beiseite stellen. Zucker, Eier und Süßstoff mit den Quirlen des Handrührgeräts schaumig schlagen.
- 125 g Haferflocken, Backpulver und das Rum-Aroma in die Eiermasse rühren und die gemahlenen Nüsse zugeben. Alles zu einem glatten Teig verarbeiten und zum Schluss das gehackte Trockenobst mit dem Teig mischen.
- Eine Kastenform mit der Margarine einfetten und mit den restlichen Haferflocken ausstreuen. Den Teig in die Kastenform geben und die Oberfläche glatt streichen. Auf der mittleren Schiene 70 bis 90 Min. backen.

Tipp

Lassen Sie das Früchtebrot vollständig auskühlen. Anschließend können Sie es komplett in Alufolie wickeln – so bleibt es bis zu 2 Wochen frisch.

Nährwerte pro Scheibe (bei 20 gesamt):

150 kcal, 4 g E, 8 g F, 13 g KH, davon 6 g Zucker, 2 g Ba, 1 BE, 1,3 KE, 35 mg Chol.

FEINER
ZUCKER
Raffinade
natreen

Feste

Sie möchten gerne Ihre Freunde mit einem schönen Menü verwöhnen oder zu einem Brunch einladen? Die figurfreundlichen Rezepte werden Ihren Gästen sicher gut schmecken. Und das Beste ist, dass sie mit gutem Gewissen zuschlagen können.

Das Beste für einen schönen Abend mit Freunden (schnell vorzubereiten):

- Vorspeise: Flusskrebssuppe 48
- Hauptgang: Teriyakihähnchen 79
  mit Curry-Zwiebel-Reis nach Art des Hauses 111
  und Gemüse aus dem Wok 90
- Dessert: Pfirsichsalat mit Pistazien 151

Für den Sonntagsbrunch eignen sich Brötchen und Konfitüre, Kuchen, Desserts oder herzhafte Gerichte. Hauptsache, Ihre Gäste bringen genug Zeit mit:

- Kräuterrührei auf Vollkornbrot 22
- Wake-up-Drink 35
- Lauchsuppe mit Hackfleisch 132
- Salat mit roten Linsen 40
- Knoblauch-Hähnchenkeulen 83
- Asiatischer Glasnudelsalat 114
- Kokosmilchreis 163
- Streuseltörtchen 174
- Gewürzbrot 184
- Schnelle Frühstücksbrötchen 182

Laue Temperaturen, leichte Küche und nette Leute – genau das, was Sie für einen mediterranen Grillabend brauchen:

- Marinierte Kirschtomaten 60
- Tomatendip 55
- Fischspieße Pomodoro 74
- Bunte Gemüsespieße 92
- Grillchampignons 92
- Gegrillte Auberginen 93
- Marinierte Paprikaschoten 61
- Rosmarinkartoffeln 127

Gesundes Essen kann auch schmecken. Kinder lassen Pommes frites links liegen, wenn Sie Ihnen ein kinderfreundliches Büfett zaubern:

- Zwiebackschmarrn mit Früchten 33
- Apfelpfannkuchen 160
- Spaghetti Bolognese 112
- Fischklöschen-Helgoland 64
- Wikingernudelsalat 47
- Fruchtkaltschale 163
- Blitzeis 148
- Quarkkeulchen 162
- Rote Grütze 156
- Streuseltörtchen 174
- Terrassentaler 181
- Schoko-Muffins 176

Ostern soll's etwas Besonderes geben – und am besten schmeckt man schon den Frühling:

- Vorspeise: Rüblisuppe mit Ingwer 51
- Hauptgang: Asiatischer Fisch in Kokosmilch 70
  Radicchio Française 98
  und Karottenreis 121
- Dessert: Moccacreme 155
  oder Kirschtorte 168

Ein festliches Weihnachtsmenü? Es darf geschlemmt werden!

- Vorspeise: Feldsalat mit Walnüssen 46
- Hauptgang: Putenbraten mit Dörrobst 80
  Weihnachtlicher Rotkohl 94
  und Herzoginkartoffeln 126
- Dessert: Weihnachts-Bratäpfel 159

Adressen

Bücher zum Weiterlesen

- BE bequem berechnet: Tabelle für 530 Fertigprodukte, Süßigkeiten und Getränke, Heusch/Lemloh, Trias Verlag, ISBN: 3-8304-3089-2, 5,95 Euro
- Kalorien mundgerecht, 12. überarbeitete und erweiterte Auflage 2003, Umschau Verlag Frankfurt am Main, ISBN: 3-8295-7155-0, 11,80 Euro
- Kohlenhydrat- und Fett- Austauschtabelle für Diabetiker, Standl, Trias Verlag, ISBN: 3-8304-3044-2, 5,95 Euro
- Diabetes - So bleiben Ihre Nieren gesund, Staib, Trias Verlag, ISBN: 3-8304-3093-0, 17,95 Euro
- Richtig Einkaufen bei Diabetes, Hofele, Trias Verlag, ISBN: 3-8304-3135-X, 7,95 Euro
- Das große Trias-Handbuch für Diabetiker, Standl, Trias Verlag, ISBN: 3-8304-3239-9, 24,95 Euro
- Diabetes Journal, Monatszeitschrift rund um alles Neue und Wichtige zum Thema Diabetes. Kirchheim Verlag Mainz. Infos auch im Internet unter: www.diabetes-journal.de

Informationen aus dem Internet

- www.diabetes-world.net
- www.diabsite.de

Nützliche Institutionen

Deutscher Diabetiker Bund e. V. Bundesgeschäftsstelle

Goethestraße 27
34119 Kassel
Tel. 0561/703 47 70
Fax: 0561/703 47 71
E-Mail: info@diabetikerbund.de
www.diabetikerbund.de

Deutsche Diabetes Gesellschaft (DDG) e. V.

Bürkle-de-la-Camp-Platz 1
44789 Bochum
Tel. 0234/97 88 90
Fax: 0234/978 89 21
E-Mail: info@ddg.info
www.deutsche-diabetes-gesellschaft.de

Bund diabetischer Kinder und Jugendlicher e.V.

Hahnbrunnenstraße 46
67659 Kaiserslautern
Tel. 0631/764 88
Fax: 0631/972 22
E-Mail: diabeteskl@aol.com
www.bund-diabetischer-kinder.de

Hersteller verschiedener Lebensmittel

- Alpro: Cuisine
- Rama/Unilever: Cremefine zum Kochen, Cremefine zum Schlagen
- Natreen: Feine Süße zum Streuen, Sprühfertige Sahne
- Canderel: Streusüße
- Bad Reichenhaller: für Asia-Jodsalz, Kräuter Jodsalz, Kartoffel-Jodsalz, Knoblauch-Jodsalz, Paprika-Jodsalz
- Tartex: vegetarische Pasteten
- Natron: Firma Kaiser Natron
- Bratschlauch: Firma Melitta
- Ebly-Weizen
- Tabasco
- Fettreduzierter Frischkäse: z. B. von Exquisa, Buko oder Philadelphia

Bibliografische Information der Deutschen Bibliothek
Die Deutsche Bibliothek verzeichnet diese Publikation in der Deutschen Nationalbibliografie; detaillierte bibliografische Daten sind im Internet über http://dnd.ddb.de abrufbar

Medizinverlage Stuttgart GmbH & Co. KG
Oswald-Hesse-Straße 50 · 70469 Stuttgart
Printed in Germany

Programmplanung: Uta Spieldiener

Lektorat und Bildredaktion: Anja Fleischhauer

Umschlaggestaltung und Layout:
CYCLUS · Visuelle Kommunikation

Bildnachweis:
Umschlagsfoto vorn: Foodcentrale
Rezeptfotos im Innenteil: Fridhelm Volk; 132, 158, 181 Le Creuset;
alle übrigen: Archiv der Thieme Verlagsgruppe

Gedruckt auf chlorfrei gebleichtem Papier

Satz: CYCLUS · Media Produktion
Druck: Druckhaus Götz, Ludwigsburg

ISBN 3-8304-3296-8 1 2 3 4 5 6

Danksagung

Kein Autor kommt so ganz ohne Hilfe aus. Deshalb möchte ich all denen danken, die mich bei der Arbeit an diesem Buch unterstützt und inspiriert haben. Einen ganz besonderen Dank richte ich an meinen Lebensgefährten Andreas, der mich in dieser Zeit unermüdlich unterstützt und motiviert hat. Ich danke meiner Mutter, die mir schon in Kindertagen in der Küche freien Lauf ließ. Aber auch Gisela, die mir während der Arbeit durch ihre Hilfe immer wieder den Rücken frei hielt. Nicht zuletzt möchte ich auch meinen Freunden danken und unserem Hund Pina – die Spaziergänge waren immer eine willkommene Erholung.

Ihnen und euch allen ein großes Dankeschön und viel Freude mit diesem Kochbuch.

Kirsten Metternich